MW01628398

Biblioteca
Walter Riso

Sabiduría emocional

Un reencuentro con las fuentes naturales del bienestar
y la salud emocional

WALTER RISO

Sabiduría emocional

Un reencuentro con las fuentes naturales del bienestar y la salud emocional

OCEANO

Diseño de portada: Leonel Sagahón / Jazbeck Gámez

SABIDURÍA EMOCIONAL
Un reencuentro con las fuentes naturales del bienestar y la salud emocional

D. R. © Editorial Océano de México, S.A. de C.V.
Blvd. Manuel Ávila Camacho 76, piso 10
Col. Lomas de Chapultepec
Miguel Hidalgo, C.P. 11000, México, D.F.
Tel. (55) 9178 5100 • info@oceano.com.mx

Para su comercialización exclusiva en México, países de Centroamérica y del Caribe, Estados Unidos y Puerto Rico.

Tercera reimpresión en Océano: abril, 2013

ISBN: 978-607-400-738-1

Impreso en México / Printed in Mexico

Para Virginia, a su natural belleza,
al asombro espontáneo de sus
grandes ojos, a su feminidad creciente
y a esa risa, que sin prejuicios
y libremente aflora de su bello ser.

La rosa libre de los montes saltó de júbilo esta
noche y las rosas
de los jardines y el campo dijeron a voces:
"Saltemos las rejas, hermanas, saltemos y
huyamos veloces, más que
el agua del jardinero valen las nieblas de los bosques".
En esta noche de verano vi en todas las rutas pasar
a las rosas de los jardines tras una rosa en libertad...

PAUL FORT

Índice

Introducción

La psicología de la salud ha demostrado que el equilibrio mente-cuerpo es uno de los factores más importantes para crear inmunidad psicológica y física. Para lograr esta armonía, no solamente necesitamos pensar bien y serenar la mente, sino también integrar adecuadamente nuestras experiencias afectivas. Desgraciadamente, la cultura de lo virtual ha creado un mundo artificial supremamente desequilibrado que nos aleja cada día más de lo esencialmente humano. Estamos tan enfrascados en la rutina mecanizada de lo habitual, que hemos desperdiciado una de las mayores fuentes de conocimiento innato: la emoción biológica.

Si bien es cierto que muchas emociones inventadas por la mente son malsanas y hay que eliminarlas, las emociones primarias, no aprendidas, nos permiten entrar al mundo de lo natural por la puerta grande. Como una llave mágica, ellas descubren el léxico oculto de cómo piensa y opera el cosmos. El poder de las emociones está en su pureza. Emocionarse es rescatar los vestigios más antiguos y descontaminados de lo que verdaderamente somos y de este modo seguir evolucionando. Si la mente desvirtúa su función original, ya sea bloqueándolas o colocándolas al servicio de fines irracionales, pierden su capacidad curativa y pueden crear enfermedad; pero si aprendemos a decodificar correctamente su mensaje implícito y a fluir con ellas, estaremos creando salud y bienestar.

La motivación básica del presente texto es acercarnos a estas emociones benéficas, rescatarlas e integrarlas a la vida cotidiana, para que logremos recoger sus enseñanzas y recuperar parte de aquella sabiduría natural que alguna vez tuvimos. Tal vez debamos comprender de dónde venimos para saber a dónde vamos. Y acaso, dejar de buscar en la inmensidad del firmamento exterior, para indagar en nuestro propio ser. En lo más primitivo de nuestra humanidad están las directrices que hay que seguir, sólo debemos tomarlas y vivirlas a plenitud.

PARTE I

EL PLANTEAMIENTO DEL PROBLEMA

De cómo la mente puede llegar a ser un estorbo

Quien hace del pensar lo esencial, puede llegar lejos por ese camino, pero ha confundido el suelo con el agua y algún día se ahogará.

HERMANN HESSE

Los seres humanos vivimos enfrascados en una milenaria disputa interna difícil de resolver. Nos pasamos la mitad del tiempo tratando de maquillar esos incómodos rasgos animales, que casi siempre asoman, y el tiempo restante exhibiendo la supuesta grandiosidad de un cerebro cada vez más evolucionado, protuberante y peligroso. Vivimos enredados entre lo que nos gustaría hacer y lo que deberíamos. Dos sistemas de procesamiento aparentemente irreconciliables pugnan por imponerse: uno es prepotente, directo y *emocional*; el otro, solapado, astuto y *racional*. Emoción *vs*. razón, un dilema sin resolver: la típica representación de la mente cabalgando sobre el potro salvaje de los instintos.

Como resulta obvio para la generación tecnológica, las preferencias están marcadamente inclinadas a favor de la inteligencia artificial. Las incautas emociones son consideradas como un exabrupto de la naturaleza, a veces necesarias, pero sin lugar a dudas retrógradas. Admiramos mucho más a la persona que logra contener sus emociones hasta estreñirse, que a aquella que suelta un grito de felicidad en una biblioteca pública porque encontró el poema perdido. Privilegiamos demasiado lo mental, a expensas de lo natural.

Si las emociones son un subproducto arcaico del cerebro, amenazante en potencia y desagradable en esencia, ¿para qué exhibirlas?

Además, poder doblegarlas estaría demostrando la supremacía del hombre civilizado sobre la bestia. Desde pequeños nos condicionan a no sentir demasiado, no vaya a ser cosa que nos deshumanicemos, como si lo exclusivamente humano fuera pensar. Nos encantan los niños que no gritan, que duermen mucho, que no lloran, que casi no defecan y que no se mueven mucho. Nos fascinan las personas que parecen plantas. Algunas mamás no crian niños, los riegan.

Las antiguas raíces prehistóricas del hombre siempre han sido un dolor de cabeza para los defensores de la razón, una irritante espina clavada en el "*alter ego*" de la cultura civilizada, que inexorablemente nos recuerda de dónde venimos. De ahí la importancia atribuida por muchos a saber camuflar y desterrar esos desagradables residuos del pasado animal. En una tertulia a la que fui invitado recientemente, uno de los participantes, defensor acérrimo de la mente, expresó su posición diciendo: "Al menos en este aspecto, parecería que Dios podría haberlo hecho mejor: ¿qué necesidad tenía de emparentarnos con los primates?". Cuando le dije que podíamos aprender muchas cosas interesantes de los chimpancés, no me volvió a hablar en toda la noche. Una típica conducta "humana".

Tanto la ciencia como las corrientes espirituales han intentado un programa supresivo emocional indiscriminado, pero sin mucho éxito. El organismo se ha resistido vehemente e inteligentemente a desprenderse de sus programas genéticos, como si dijera: "No insistan, si las emociones están conmigo por algo es". Ni los psicofármacos ni la tan añorada "sobriedad emocional" oriental han logrado domesticar significativamente el incontenible arrebato del sistema emocional-afectivo: cuando él considera que debe actuar, lo hace sin miramientos de ningún tipo.

Querer enterrar todas las emociones no sólo es una tarea imposible, sino peligrosa para la salud. Cuando el poderoso superyó comienza a frenar más de la cuenta los impulsos sanos y naturales que pugnan por salir, se produce un desequilibrio mente-cuerpo. En estos casos, el organismo, además de aburrirse como una ostra, desaprovecha recursos energéticos, pierde motivación y decae en su capacidad comunicativa. Las investigaciones psicológicas son claras en demostrar que el desconocimiento de los propios estados emocionales acorta la vida y predispone a todo tipo de enfermedades. La emoción es la manera en que Dios nos recuerda que estamos vivos. Si conseguimos integrarla adecuadamente a nuestra vida lograremos una mayor coherencia entre lo que hacemos, pensamos y sentimos, y un sentido de vida más vital. No estoy sugiriendo que seamos una especie de colon espástico con patas, o un simio juguetón, sino que modulada y saludablemente dejemos que la emoción actúe con nosotros y a través nuestro.

Como no estamos acostumbrados a hacer contacto con nuestras emociones, hemos creado una dislexia emocional, un analfabetismo respecto de su gramática básica. No sabemos qué hacer con ellas, nos queman y se las pasamos al vecino, al psicólogo o al cura. No somos capaces de discriminar qué emoción es buena, saludable y amable, y cuál no. Queremos eliminarlas a toda costa o al menos reducirlas qué más da si es con Prozac o esencias florales, lo importante es controlarlas. Pero la biología no puede censurarse por decreto.

La ignorancia emocional se conoce con el nombre de *alexitimia*, y significa incapacidad de lectura emocional. Como veremos más adelante, las personas bloqueadoras (no lectoras) de emociones son propensas al cáncer y a contraer enfermedades del sistema inmunológico. Nos da miedo acercarnos a las emociones, porque cuando se activan demasiado perdemos el control. Emocionarse intensamente es quedar a la deriva y bajo el auspicio directo del universo. Bucear más allá de la razón y descifrar los antiguos códigos genéticos que aún se mantienen limpios nos atemoriza. No sabemos mirar tan profundamente, y el no hacerlo nos despoja de una de las mayores fuentes de sabiduría. Tal como decía Krishnamurti: "En ti se reproduce la historia de toda la humanidad". Solamente basta abrir el libro de la vida y leer en él. Si quieres entender el cosmos, búscalo en tus sentimientos; ahí encontrarás lo que necesitas saber.

Pero la cuestión no es tan sencilla. Nuestro sistema atencional es claramente externalista, estamos más fuera que dentro. La confianza en uno mismo se ha trasladado a los amuletos, los astros, el cambio de gobierno, los ángeles o el destino. Nos movemos entre las promesas de los astrólogos y las reencarnaciones de un pasado difícil de indagar. Como en el cuento del borrachito, buscamos las llaves donde hay luz, aunque las hayamos perdido en otra parte. Una de mis pacientes, muy motivada por el crecimiento espiritual, antes de salir para su trabajo comenzaba la siguiente secuencia de actividades de "crecimiento interior": caminaba descalza un rato para absorber la energía de la tierra, colocaba un vaso con agua al sol antes de beberlo, meditaba veinte minutos con un mantra asignado por un director de la escuela de Maharishi, luego volvía a meditar otros diez minutos con un sonido cuántico sanador aprendido de otro maestro espiritual, ingería un desayuno ayurvédico, leía el horóscopo y se le entregaba con una oración al ángel de la guarda. Como resulta evidente, al comenzar su jornada laboral ya estaba agotada. Cuando después finalmente logró desligarse de tantos requisitos externos y dejó que la frescura de su propio interior se manifestara libremente, comenzó a vivir su espiritualidad de una manera más tranquila y natural. Centralizó su actividad exclusivamente en la meditación y la autoobservación, y soltó uno a uno los bastones en los cuales se había apoyado innecesariamente. Hacerse cargo de uno mismo no deja de ser un placer cuasi narcisista saludable.

Aunque todas las emociones nos enseñan, no todas son buenas

y aceptables. Hay sentimientos autodestructivos y altamente peligrosos que deben manejarse con cuidado o eliminarlos para siempre. Otros, como los amigos de verdad, nos ayudan en las buenas y en las malas, fortalecen el yo y nos engrandecen. Establecer esta diferenciación es fundamental antes de actuar.

Emociones primarias y secundarias: lo bueno para rescatar y lo malo para suprimir

Las emociones primarias son aquellas con las que nacemos. Son naturales, no aprendidas, cumplen una función adaptativa, son de corta duración y se agotan a sí mismas. Solamente duran lo indispensable para cumplir su misión: *dolor, miedo, tristeza, ira* y *alegría* son algunas de las más importantes. Ellas forman parte de la persona y cumplen un papel vital para que podamos sobrevivir y adaptarnos al mundo. Si se reprimen sistemáticamente y se interrumpen con frecuencia, afectan gravemente la salud física y mental. *Hay que convivir con todas, integrarlas a nuestra vida y aprender de su funcionamiento. La sabiduría natural se expresa a través de ellas.*

Las emociones secundarias son aprendidas, mentales, y aunque algunas de ellas, bien administradas, puedan llegar a ser útiles, no parecen cumplir una función biológica adaptativa. Son defensivas o manifestaciones de un problema no resuelto, y casi siempre implican debilitamiento del yo: *sufrimiento, ansiedad, depresión, ira* y *restricción-apego* son algunas de las más significativas. A diferencia de las primarias, no se agotan a sí mismas y pueden permanecer por años o toda la vida. Si las dejamos actuar libremente y no las controlamos o eliminamos, nos enfermamos. *Hay que tratar de reducirlas al máximo o quitarlas de nuestra vida y aprender de ellas lo que podamos. Son expresiones de la mente.*

Las emociones secundarias pueden considerarse prolongaciones mentales de las emociones primarias. El *dolor*, la información corporal que nos permite saber cuándo un órgano anda mal, se extendió a supuestos "órganos mentales" y nació el *sufrimiento*. El *miedo*, el encargado de protegernos ante el peligro, se trasladó anticipatoriamente y se creó la *ansiedad*. La *tristeza*, que permite desactivar el organismo para su posterior recuperación, se generalizó en un sentido autodestructivo en lo que se conoce como *depresión psicológica*. La *ira*, la principal fuerza interior para vencer obstáculos, se almacenó en forma de *rencor* y *resentimiento*. La *alegría*, la más poderosa e importante de las emociones, fue duramente *restringida* o convertida en *apego al placer*. El aparato mental humano creó una dimensión artificial paralela a la realidad fisiológica, invadió los terrenos de lo natural y se apropió indebidamente de siglos de evolución. Posiblemente ése sea el origen de la enfermedad mental.

La estructura psicológica humana gira alrededor del tiempo. Si observamos por un momento cómo funciona la mente, descubriremos algo sorprendente. Nunca está quieta. Siempre hay una sensación de movimiento interior, una impresión de ir y venir, un desplazamiento de lo que uno "es" a lo que uno "va a ser". Poseemos el don de transitar a través del tiempo mental como nos dé la gana. Podemos resucitar el pasado más remoto, crear el futuro con siglos de anticipación, congelar los momentos y, lo que es más importante, repetir el viaje cuantas veces queramos. Como un péndulo incapaz de detenerse, la mente humana se balancea incesantemente entre pasado y futuro, postergación y esperanza, culpa y amenaza, nostalgia y desilusión. El aquí y el ahora, la parada donde supuestamente reposa la verdadera tranquilidad, se reduce a una estación de paso para seguir fluctuando. El "llegar a ser", el "yo ideal" y los famosos "debería" son productos de esta extraña habilidad de proyectarse en el tiempo. Tal como reza un proverbio zen:

"La mente insensata no se detiene; si se detiene, es iluminación". *Hay que tratar de disminuir las fluctuaciones de la mente hasta donde podamos, para estar más atentos al momento presente.*

De regreso a casa: el arte de aquietar la mente y el reencuentro con la sabiduría natural

Hubo una época en que la mente vivía más en el presente y estorbaba menos. En esos tiempos lejanos, probablemente el hombre se alimentaba de cierta sabiduría natural que emanaba de las fuentes descontaminadas del saber universal. Sin cursos de lectoescritura ni traducciones simultáneas, el ser humano aprendía lo necesario para desarrollar autoconciencia y generar sabiduría y amor a borbotones. La mente y el cuerpo trabajaban armoniosamente, respetando los ciclos de evolución y el principio de unidad. Desgraciadamente, en algún lugar de la evolución, la mente desvió su rumbo hacia el egocentrismo, inventó el tiempo psicológico y dejó de ser un medio para convertirse en un fin. Hace algunos cientos de miles de años, la estructura mental del hombre produjo un giro inesperado sobre sí misma, rompiendo la continuidad del hombre con la naturaleza. Al autocentrarse, el ser humano se convirtió en una entidad fragmentada revestida de una aparente individualidad, pero ajena a la totalidad de la existencia. Nos alejamos del lenguaje natural de la vida y perdimos el rumbo.

La humanidad añora volver a lo primario, a la morada original donde comenzó el ascenso del hombre y a esa existencia plena, repleta de salud y bienestar. Podemos vivir mejor, aliviar el sufrimiento, mejorar nuestra calidad de vida, descontaminar la mente y crecer en sabiduría y amor. Creo que en algún rincón olvidado de nuestra estructura genética está la clave para retomar el sendero perdido. Es hora de desandar los pasos y desenterrar los tesoros que alguna vez equivocadamente enterramos.

Nos sobra cerebro y nos falta emoción. Debemos "desmentalizar" nuestra manera de procesar la información y darle más cabida a lo natural. Serenar la mente y traerla un poco más al presente para que podamos mirar lo emocional sin tanta contaminación. Mejorar el equilibrio mente-cuerpo para que nuestro yo salga fortalecido. Ése es el reto.

PARTE II

EL ARTE DE AQUIETAR LA MENTE

De cómo vivir sin la carga del pasado y la amenaza del futuro

La mente es un mono inquieto, saltando de rama en rama en busca de frutos por toda una selva interminable de sucesos condicionados.

Buda

¿Quién no ha deseado alguna vez desconectarse de la realidad y que lo internen en una de esas clínicas campestres con todo incluido? "Desenchufarse" y caer promiscuamente en los brazos de Morfeo, buscando el sueño reparador, es una necesidad sentida por la mayoría de las personas que deben trabajar para sobrevivir. Uno de mis pacientes, cansado de no tener vacaciones hacía años, me relataba así su muy sentida fantasía: "Me gustaría conseguirme una mujer de unos quince metros de alto, meterme en su vientre, adoptar una posición fetal, colocar el pulgar en mi boca, colgarme del cordón umbilical y flotar, simplemente flotar en el líquido amniótico". Cuando volvió a la realidad, me preguntó qué opinaba al respecto. Luego de dudar un instante, decidí ser sincero: "En principio no veo nada de anormal en su fantasía, y espero que así sea, porque yo también la he tenido". Esa sesión fue gratis.

Creo que todos, en situaciones de estrés agudo, consciente o inconscientemente, hemos añorado escondernos en aquel lugar seguro donde nada ocurría y todo estaba bajo el control de mamá. El síndrome del regreso al vientre materno se da sin distinción de sexo, edad o nivel cultural; basta sobrecargar el sistema para que la ilusión siga su curso. Alguien que nos cobije y murmure dulcemente al oído: "Tranquilo... Descansa... Yo me hago cargo de todo". ¡Qué alivio! Desgraciadamente no es tan fácil. Incluso cuando dormimos sigue existiendo un parloteo encubierto incesante y el ruido de miles de pensamientos saltando de una idea a otra.

En realidad toda la moderna civilización industrializada está construida sobre la base del tiempo. La estructura psicológica humana vive en función de una supuesta "planeación estratégica" que no ha podido mostrar todavía balances psicológicos positivos. Nos mantenemos yendo y viendo, pronosticando y revisando, corriendo en pos de lo que podría ser y lo que podría haber sido y no fue. Nos mata la ansiedad y nos carcome el resentimiento. No sabemos vivir sin la angustia inclemente de relojes y espejos: uno acosa, el otro envejece.

Contrariamente a lo que suele pensarse, aquietar la mente es mucho más que meditar. El sosiego de la actividad mental requiere un cambio más profundo y global que interrumpir de vez en cuando el pensamiento. El verdadero revolcón está en producir una calidad de mente que no solamente se libere a ratos, sino que adquiera un estilo permanente, una manera de ser que le permita andar más despacio, recordar información relevante y anticipar lo indispensable, pero nada más. ¿De qué sirve sentarse juiciosamente a meditar dos veces al día, meterse a la llamada brecha cuántica y sentir la unión cósmica, si después volvemos a navegar otra vez en el flujo de un devenir plagado de exigencias futuras ("querer ser más") y viejos arrepentimientos ("no haberlo hecho mejor")? Es posible que con la meditación el mono se siente, así sea por una fracción de segundo (lo cual ya es mucho), a descansar en una rama. Pero insisto, el ejercicio es totalmente insuficiente si nuestro quehacer cotidiano sigue inmerso en la marea de los ires y venires. Una mente serena es capaz de reconocer cuándo el pasado y el futuro están haciendo daño, para ajustar el cronómetro mental a lo que realmente sea útil y adaptativo.

Los estilos personales que impiden aquietar la mente

La civilización moderna ha creado dos formas inadecuadas, distintas pero no excluyentes, para no estar en el presente. La mayoría de nosotros mostramos, explícita o implícitamente, la tendencia a aproximarnos más a un extremo que al otro, dependiendo de los valores que hayamos introyectado en la primera infancia: *a*) la personalidad tipo A, adicta al futuro, incapaz de liberarse del poder y la ambición, y *b*) la personalidad tipo C, atada al pasado, incapaz de liberarse de la necesidad de aprobación y del mal hábito de postergar. Cada una de ellas representa un modo complejo de pensar, sentir y actuar, altamente valorados e incomprensiblemente difundidos por la educación tradicional como modelos que hay que seguir. Gran parte de nuestros jóvenes son víctimas de una pedagogía claramente orientada a difundir y exaltar estos patrones de comportamiento insanos. La invitación a participar en este proyecto de socialización parte de dos promesas: si eres tipo A, tienes el éxito económico y profesional asegurado, y si eres tipo C, la gente te querrá más y vivirás más tranquilo. Estas dos aseveraciones son, además de incompletas, supremamente peligrosas, ya que no se alerta a la población sobre las consecuencias negativas que arrastra el uso de cada patrón.

El tipo A es uno de los principales cómplices de las enfermedades cardio y cerebrovasculares, además de generar la máxima expresión de estrés y ansiedad conocida hasta la fecha. El tipo C es un factor de predisposición para el cáncer, además de ser el receptáculo donde mejor germina la depresión. Mientras que la codicia del tipo A destruye a otros y se suicida en el intento, el tipo C, lentamente, se va anulando como persona hasta desaparecer. El eslogan publicitario que vende esta idea de la felicidad artificial y contaminada parece ser el mismo para ambos tipos: "Prestigio y aceptación, aunque mueras en el intento".

Toda la configuración psicológica de las personalidades tipo A y tipo C ha sido moldeada por los condicionamientos y requerimientos de una sociedad que se aleja cada vez más de nuestro aspecto humanista. El menú está a nuestra entera disposición: podemos elegir la enfermedad que genera la amenaza de un futuro incierto (estrés e infarto), el sobrepeso de un pasado intolerable (depresión y cáncer) o ambas. Veamos en detalle cada uno de estos estilos.

La personalidad tipo A y la necesidad de controlar el futuro

Al finalizar la década de los años cincuenta, un grupo de cardiólogos estadunidenses observaron que muchos de sus pacientes mostraban un conjunto de comportamientos comunes. Ellos consideraron que este patrón podría ser un factor de riesgo cardiovascular tan importante como el colesterol, el tabaquismo, el sedentarismo o el sobrepeso. Luego de muchas disputas, de pruebas a favor y en contra, se arribó a una conclusión bastante aceptada en la actualidad: *la conducta tipo A predice los estados iniciales de la angina de pecho y la enfermedad coronaria, además de afectar más indirectamente el sistema inmunológico.*

La forma de comportarse de estas personas es definitivamente insalubre, no solamente porque responden demasiado intensa y persistentemente a las situaciones de estrés psicosocial, sino porque ellos mismos crean a su alrededor un clima de alta tensión. Lo verdaderamente sorprendente se revela en recientes estadísticas, donde el patrón tipo A incrementó significativamente su nivel de incidencia, tanto en la población masculina y femenina adulta (aunque es mayor en la masculina), como en grupos infantiles.

La sociedad adora a los tipo A, les rinde pleitesía y homenajes de toda índole. Considerando el riesgo implícito que conlleva su uso, es sorprendente que sean merecedores de un culto a la personalidad tan marcado. Ellos representan la máxima aspiración de cualquier estudiante universitario inteligente y de cualquier suegra casamentera. Los valores de superación económica y adquisición de un mejor nivel social han creado un absurdo de consecuencias alarmantes para la salud y el bienestar: una forma de suicidio aceptada y aplaudida.

La esencia de la personalidad tipo A es un patrón de lucha incesante por alcanzar las metas y oportunidades de éxito (no exclusivamente económicas) en el menor tiempo posible y a costa de cualquier cosa. Un extraño cruce entre Maquiavelo y Supermán. En este tipo de sujetos, el ego se alimenta de dos necesidades indispensables: control y poder absolutos. Como la meta es inalcanzable, el organismo vive permanentemente en un estado de zozobra y activación, que el sujeto es incapaz de disminuir. Es decir, en un estado de estrés sostenido y crónico, lo que produce el incremento de ciertas sustancias nocivas para la actividad cardiovascular normal. Al mismo tiempo, la frustración de no poder alcanzar sus objetivos incrementa notablemente en ellos la hostilidad y la agresión.

En general, el patrón tipo A gira alrededor de cuatro premisas de dudosa recomendación para la salud física y mental: *urgencia de tiempo, ilusión y necesidad de control, ambición desmedida e importancia excesiva de los resultados*. Cada una de ellas empuja insistentemente el péndulo para que se mantenga en el futuro.

1 | Urgencia de tiempo

Los sujetos tipo A viven con los dos pies en el acelerador. Apresuran ejecuciones y fechas, y siempre están adelantados "por si acaso". Comen rápido, corren en vez de caminar, son impetuosos en su hablar y hacen el amor a la carrera. Su vida es a doscientas mil revoluciones por minuto y por eso queman el motor con frecuencia. Se desplazan vertiginosamente por todas partes, levantando polvareda, generando estrés y malestar a su alrededor. La esposa de un paciente tipo A me comentaba: "Estoy agotada. Seguirle el ritmo es algo imposible. Ve televisión, escucha radio, escribe en la computadora, habla por teléfono y soluciona problemas de la oficina, ¡todo al mismo tiempo! No descansa nunca y pretende que yo sea igual. Deberían inventar una especie de congelador para maridos hiperactivos. Yo lo metería de vez en cuando... así sea para poder dormir tranquila un rato".

Apaciguar su ritmo es tarea de titanes; incluso las drogas psiquiátricas y los procedimientos psicológicos tradicionales de relajación no parecen hacerles efecto. En cierta ocasión, me tocó compartir clases de tai chi chuan con un alumno tipo A, el cual había sido remitido por una psicóloga clínica para intentar disminuir su elevado nivel de estrés. Un sujeto tipo A tratando de incorporar la filosofía de una de las meditaciones orientales más antiguas era algo digno de observarse. En el tai chi el sujeto debe dejarse ir y soltarse para que el conjunto de movimientos sean un continuo fluido, libre de toda influencia mental. Con el tiempo, el entrenamiento consistente desarrolla en el practicante una forma de meditación aguda y penetrante. El método representa para mí una de las formas más bellas y sencillas de acercarse a la naturaleza. Desgraciadamente, el experimento no funcionó. No solamente no se logró el cometido, sino que el nivel de estrés, incomprensiblemente, le subió tanto que no pudo volver a las sesiones. Cada ejercicio producía en él un sentido de impaciencia insoportable que se contagiaba a todos los integrantes del grupo. La suavidad y la "cámara lenta" de los movimientos lo exasperaban hasta el extremo de tener que interrumpirlos. Cuando el maestro le explicaba que el objetivo no era hacerlo bien o mal, que no había que ganarle a nadie sino jugar con el cuerpo, su desconcierto era evidente. Finalmente dejó de asistir, y el grupo volvió a recuperar el clima de sosiego que lo había caracterizado. Al cabo de unos meses me lo encontré en la fila de un supermercado, me saludó muy amablemente y me contó que se estaba sintiendo muy bien haciendo squash, raquetbol y tenis, que ya había ganado dos trofeos y pensaba participar en un campeonato latinoamericano. El tai chi fomenta la paciencia y la mirada interior, dos aspectos aversivos para el tipo A.

La paciencia es una de las habilidades más difíciles de lograr para cualquier persona, porque implica desprenderse de las expectativas y resignarse a que las cosas sigan su curso. Es decir, sentarse en la cresta de la ola, dejar que ella lo lleve y aceptar lo peor que pueda ocurrir. Más específicamente, si tienes una cita importante y de pronto te encuentras en la mitad de un embotellamiento, puedes insultar al ministro del transporte, patear el carro, maldecir el día de tu nacimiento, pelear con una señora que mira absorta desde el carro vecino, pitar el claxon como un desaforado, o por el contrario, recostarte, colocar tu música favorita, sacar los pies por la ventanilla y entregarte a los designios de Dios con beneficio de inventario. La primera estrategia segrega adrenalina y cortisona en cantidades industriales, además de hacerte ver como un idiota; la segunda te regala años de vida y, de paso, le agrega un toque de distinción a tu personalidad, que nunca sobra.

2 | Ilusión y necesidad de control

Ésta es quizás una de las creencias más absurdas y riesgosas de las que dispone nuestro banco de datos. Dicho muy escuetamente, la cuestión consiste en creer que uno posee la facultad de alterar las probabilidades a favor, si se lo propone. Por lo general, este esquema opera desde el inconsciente y de manera totalmente automática. Cuando uno menos lo piensa, la mente comienza a querer influir sobre los acontecimientos. Una cosa es confiar en la suerte y otra muy distinta el desgaste supersticioso del autoconvencimiento irracional. La aseveración de los optimistas fanáticos: "Tú todo lo puedes" merece ser reconsiderada. La vida nos comprueba a diario que no es así, pero seguimos con el anhelo de lograr el fenómeno paranormal prometido. Gastamos una buena parte del tiempo haciendo fuerza para que no llueva, que el carro prenda, que el equipo favorito haga el gol, que salga el 17 en la ruleta, que nuestro amor imposible se haga realidad, que los nuevos vecinos sean buena gente, y así. La ilusión de control es la voluntad llevada a su máxima expresión y una forma amañada de mermar la incertidumbre que surge de una realidad evidentemente probabilística.

La mayoría de los seres humanos, por no decir todos, no soportamos las situaciones de incertidumbre y ambigüedad informacional. La respuesta espontánea ante estos acontecimientos es afianzarnos en la certeza y quitarnos de encima la angustia de la duda. No importa cuán horrible sea la consecuencia, pero es preferible una mala noticia al fenómeno de espera. Cuando era estudiante del último semestre de carrera, decidimos hacer un experimento sobre el tema de la incertidumbre. A los sujetos se les colocaban unos cables en cada muñeca para hacerles creer que, cuando se prendiera una bombilla frente a ellos, recibirían un choque eléctrico muy fuerte. Se los dejaba en una pieza aislada, mientras el experimentador hacía la pantomima de preparar en el cuatro contiguo los aparatos necesarios para aplicar la descarga. Lo interesante de la investigación era que nunca se les daba el choque: ¡el elemento aversivo consistía en no prender nunca la bombilla! Tal como se había pronosticado, la mayoría de los participantes preferían acelerar la aplicación del supuesto choque eléctrico a tener que esperar. Una estudiante de psicología sujeto de experimentación, tierna, dulce y amable, al cabo de media hora perdió su compostura gritando a todo pulmón: "¿Todavía falta mucho? ¡Prenda la maldita bombilla de una vez, a ver si terminamos con esta tortura china!". Uno de los casos reales más dicientes que reafirma la intolerancia a la incertidumbre quedó claramente documentado cuando las esposas de los desaparecidos de Vietnam preferían dar por muertos a sus maridos a seguir soportando la expectativa de un retorno incierto. Muchos de los que regresaron hallaron el puesto ocupado.

En los tipo A, la ilusión de control degenera en *necesidad de control*, es decir, la exigencia de que nada escape a la propia inspección. Como cualquier otro vicio, la obtención del control absoluto se convertirá en un apego difícil de eliminar. Cuando algún hecho escape a la fiscalización y predicción del sujeto, sobrevendrán el pánico y los intentos inmediatos de recuperar la sensación de control, generalmente a través de logros personales. La pérdida del control será percibida como una amenaza, y el sistema activará todos los recursos necesarios para defenderse como si se tratara de un peligro real. De esta manera, el sistema fisiológico estará siempre listo para la lucha. Bajo esta presión no hay cuerpo que aguante.

3 | Ambición desmedida

La motivación exagerada de triunfo hace que el tipo A perciba el entorno como enfrentado a sus objetivos y con un nivel de reto elevado. Su atención está dirigida a detectar potenciales enemigos y competidores, a los cuales debe derrotar si éstos atraviesan el límite de sus dominios psicológicos. El tipo A, si no gana, empata. Vive a la ofensiva y muere a la defensiva. Su deseo por el poder es tal que no escatima recursos para alcanzar la cúspide de sus inalcanzables metas. Ésta es una de las razones por las cuales indefectiblemente cae en una sobrecarga laboral. Los tristemente célebres *workaholics* son personalidades tipo A en estado de descomposición avanzado. Todos los recursos adaptativos se desperdician en lograr el *yo ideal* (lo que les gustaría ser), a expensas del *yo real* (lo que realmente son). La necesidad imperiosa de querer cada día más y más, producto de una comparación constante con los de arriba, los aleja del aquí y el ahora, y los coloca fuera de la realidad, en el extremo ulterior del péndulo.

El tipo A carece de autoconocimiento y autoobservación, ya que sus intereses siempre están por fuera. Nunca sabe lo que está sintiendo y pensando, porque no vive en el presente. Cuando debido a alguna circunstancia fortuita se ve en la obligación de permanecer en el momento actual, no sabe qué hacer, se aburre y enseguida comienza a hacer planes para cuando termine el "descanso".

Hace poco traté ingenuamente de pasear con un amigo tipo A. Pese a sus buenas intenciones, no fue capaz de entregarse ni por un momento al ocio. A los pocos días parecía un león enjaulado atrapado en el paisaje. A las cuatro de la mañana ya estaba de pie, listo para leer las noticias financieras que llegaban a las seis. No sabía qué hacer con su tiempo libre, porque nunca había dispuesto de él. Había vendido su vida al mejor postor y se sentía orgulloso de ello. Noventa por ciento de sus conversaciones estaba centralizado alrededor del trabajo y en cómo obtener beneficios de alguna índole. Su existencia se había reducido a la mínima expresión. Ya no vivía, simplemente se desgastaba como una piedra. El último día del paseo lo llevé a caminar por un bosque, entre ardillas, ranas de colores y mariposas, hasta llegar a un acantilado donde podía divisarse un valle absolutamente espectacular. Luego de respirar profundo y limpiar mis pulmones, esperé su respuesta afirmativa: "¿Qué te parece?". Él también respiró profundo, y mientras miraba hacia atrás, comentó: "¿Nunca pensaste en talar parte del bosque? El negocio madedero es buenísimo. Conozco a una persona que te puede asesorar". El anhelo de superación puede ser un factor motivacional constructivo, pero cuando se convierte en la clásica ambición desbordada y obsesiva no sólo enferma el cuerpo sino el alma, además de producir un embotamiento significativo de la sensibilidad. La ambición es una de las peores creaciones de la mente, porque arrastra a su prima hermana la codicia, y ésta, a la destrucción. Trabajar es importante, pero no es lo único. No es suficiente fabricar zapatos, criar ganado o vender salchichas, hay que diversificarse de vez en cuando en lo trascendental para no diluirse en el microcosmos de la ignorancia que produce la rutina.

4 | La importancia excesiva de los resultados

Ésta es una de esas tradiciones que no pertenecen al colonialismo español, sino al anglosajón. El pragmatismo ha establecido las reglas de lo concreto y las ventajas del utilitarismo como criterio de verdad. Lo bueno debe ser útil. Lo útil es bueno. El tipo A, congruente con su afán acaparador, hace de la obtención de logros su bandera de lucha. Por tal razón, abandonar los resultados es casi una blasfemia y un sinsentido ridículo, producto de un romanticismo ingenuo.

Es indudable que los resultados son importantes en un sinnúmero de situaciones de la vida y que siempre estarán presentes en nuestras acciones. Es muy difícil prescindir de ellos; incluso los santos están pendientes de alcanzar a Dios. Pero una cosa es aceptar su participación relativa y otra muy distinta ser esclavo de las consecuencias. Más aún, existen momentos donde las expectativas frente al desenlace de los acontecimientos, paradójicamente, producen un efecto negativo. Si se le dice a un niño que está jugando tranquilamente con sus aviones que "cuáles son los buenos y los malos" o que "quién va ganando", se le está sugiriendo una modalidad distinta de entretenimiento: ganadores y perdedores. Al cabo de los días, el niño transforma el "volar por volar" en "carrera de aviones". Descubre que el placer puede estar en ganar y que además puede ser ganador absoluto cada vez que quiera: un tipo A en gestación.

Repito, el problema no está en desligarse totalmente de los efectos, ya que perderíamos la actitud previsora de resguardarnos a tiempo, sino en saber cuándo abandonar el final para disfrutar del argumento. Jugar como a uno le dé la gana, danzar sin reglas, reír por reír y correr por correr, como Forrest Gump. Sembrar árboles sin esperar frutos. La vida nos proporciona infinidad de oportunidades para actuar sin el resultado a cuestas. Si al bailar la preocupación se centra en que debe hacerse bien y ser el mejor, se acabó el deleite. Las mejores cosas de la vida suelen ocurrir cuando no esperamos nada. Lao Tse lo explicó así hace más dos mil quinientos años:

La persona más sabia
confía en el proceso.
Sin tratar de controlar
toma todo como se presenta.
No vive para lograr poseer
sino simplemente para ser
todo lo que puede ser
en armonía con el Tao.

Las personas tipo A no comprenden que el viaje casi siempre es más importante que la llegada. Para ellos, filosofar, curiosear, experimentar no tiene mucho sentido. Les impacta mucho más un camión de carga que un atardecer en la selva, y sin duda, muchísimo más la caída de la bolsa de Nueva York que la del muro de Berlín.

La personalidad tipo C y la incapacidad para resolver el pasado

A mediados de los años ochenta, un grupo de investigadores hallaron que un número considerable de pacientes diagnosticados de melanoma (cáncer de la piel) y cáncer del pulmón mostraba algunas características comunes que predecían la aparición y mortalidad por cáncer, de forma tanto o más precisa que los indicadores tradicionales de riesgo.

Estas personas, llamadas tipo C, eran principalmente bloqueadoras de emociones (por ejemplo, ira, tristeza, miedo, alegría), inhibidas, inasertivas, apaciguadoras y muy orientadas a satisfacer las necesidades de otras en desmedro de las propias. Ante situaciones de estrés, reaccionaban con pasividad, indefensión, depresión y aislamiento. El autosacrificio y la sumisión configuraban la manera principal de relacionarse con las personas de su ambiente familiar y laboral. La conclusión, actualmente aceptada y compartida por los expertos en psicología de la salud, es determinante: *la inhibición, represión y negación de las emociones, y el estilo evitativo para resolver y afrontar problemas, debilitan el sistema inmunológico y hacen a las personas más susceptibles de contraer cáncer y enfermedades infecciosas.*

En un lenguaje más coloquial, los sujetos que conforman este patrón son las típicas personas queridas y amables, pero supremamente frágiles. La actitud de servicio que muestran no es por vocación, sino por miedo. Su intención: apaciguar al otro, cueste lo que cueste, para que no les haga daño. La clave del ego de la personalidad tipo C es la necesidad de aprobación por encima de todo, así estén ellas por debajo.

Contrariamente a lo que se piensa, los grandes líderes espirituales y sociales no han sido tipo C ni tampoco A. La bondad y el amor nada tienen que ver con la sumisión obsecuente y el temor a expresar lo que se dice. Todo lo contrario. Por ejemplo, Gandhi, Jesús y Martin Luther King abogaron por la paz y la justicia, pero no los mataron por prudentes, sino por valientes; por expresar, cada uno en su lenguaje, lo que nadie se atrevía a decir. Un personaje tipo C posiblemente hubiera negociado con los ingleses, los romanos o las organizaciones racistas. Jamás hubiera llegado hasta las últimas consecuencias.

Esta manera de ser responde a cuatro características principales: *postergación, prudencia, sumisión* y *culpa.* Las cuatro trabajan para la conservación de la información. Mientras unas frenan, otras almacenan. Cuatro enormes anclas que aferran la mente al pasado e impiden desagotar adecuadamente el sistema. La ausencia de cada una nos permite andar ligeros de equipaje.

1 | El peligro de la postergación

"No dejes para mañana lo que puedas hacer hoy", le aconsejaba Mafalda a sus amiguitos. Miguelito, luego de pensar un rato, exclamó: "Lo entendí. Tenés toda la razón... ¡Mañana empiezo!".

Una de las principales condiciones de la salud mental es mantener el sistema psicológico lo más limpio posible de información incompleta o en desuso. Cuando postergamos sistemáticamente una decisión importante sin más razones que la propia inseguridad estamos tratando de evitar lo inevitable. La información entra en una lista de espera de "problemas por solucionar" y ahí se queda tozudamente hasta ser resuelta. La biología no olvida tan sencillamente. El material reprimido se mantiene indefinidamente en un circuito cerrado, hasta que se solucione o pierda importancia.

La historia de los pacientes tipo c podría resumirse como una cadena interminable de postergaciones que jamás se cumplieron y que finalmente empezaron a molestar. S. P. era una joven de veinticinco años, casada, con un hijo y esperando otro, que venía dilatando hacía años un encuentro de sinceridad con su madre, una mujer de armas tomar, dura, fuerte, caprichosa y agresiva, que más bien parecía la madrastra de Blancanieves. A lo largo de las sesiones, el problema con su mamá fue haciéndose cada vez más evidente, hasta adquirir una clara relación con la depresión que la afectaba hacía tiempo. Las maldades de la señora eran tema serio. Había organizado un crucero exactamente para el día en que el nieto iba a nacer por cesárea, no invitaba a S. P. al cumpleaños del papá inventando mentiras, confesaba en público que hubiera preferido un hijo hombre, le hablaba duro, la regañaba, se burlaba y la subestimaba. En fin, la señora no era precisamente una "pera en dulce", ni su hija la más valiente para ponerla en su sitio. Cuando induje a mi paciente a precipitar el enfrentamiento, comenzó con las viejas estrategias de aplazamiento. Entonces decidí confrontarla: "¿Te has puesto a pensar que eres en gran parte responsable de lo que ocurre con tu madre? Yo te comprendo y pienso que en gran parte tienes razón, pero no puedo acompañarte en tu plan evitativo y seguir alimentando una relación enferma... No puedo ser tu cómplice en esto y seguir dilatando la cuestión. Llegó la hora de ponerle final a la historia. Aunque no haya sido tu intención, has aceptado pasivamente los agravios. El miedo te ha paralizado, y has negociado con algo que no es negociable: tu dignidad. ¿De qué te ha servido la postergación? Llevas más de diez años acumulando rencor y tratando de apaciguar y conciliar con alguien que aparentemente no quiere hacerlo. Cada vez que desertas, ella incrementa su arsenal de agravios. Tú en retirada y ella al ataque. Es hora de que asumas el reto. Siempre y cuando seas respetuosa, no me importa cómo lo hagas, lo principal es que te quites de encima esta carga de rabias y rencores que te atormenta. Es posible que ella te deje de hablar un tiempo y se sienta escandalizada ante tu rebelión, pero ése es el costo que tendrás que pagar para empezar a respetarte a ti misma y que te respeten. No hay un día especial para ser digno. Hoy es el día". Ella preguntó: "¿Y si ella me deja de querer?". Le contesté que si eso llegara a ocurrir, muy probablemente nunca la había querido de verdad. Y agregué: "Si fuera así, ¿no es mejor saberlo de una vez?". Al lunes siguiente recibí una llamada contándome la buena nueva de que al fin había podido hablar con su madre. La reacción de la señora había sido aceptable, y S. P. se mostraba muy contenta. Recuerdo sus palabras finales: "Me gustó hacerlo... Sentí como si me drenaran una infección de años... Lástima no haberlo hecho antes". La estrategia de la postergación es supremamente azarosa, porque como bien argumentaba Cervantes: "Por la calle del ya voy, se va a casa del nunca".

Ésa es la clave, no dejar nada sin resolver. Agotarlo todo, de ser posible, en el momento. Cuantas más cosas inconclusas dejes, más atrapado estarás en el pasado. No importa qué método utilices; cuantos más cierres hagas, más se liberará tu mente de la carga de la memoria. La postergación es la estrategia que apadrina el miedo y la pereza de los incapaces.

2 | Cuando la prudencia es un problema

Hay personas tan prudentes que no comen, y otras tan sumisas que piden permiso para hacerlo. Ambas mueren por inanición. La moderación es un atributo admirado por casi todas las culturas y requisito fundamental para garantizar la convivencia y salvaguardar la integridad psicológica de la gente, pero si se hace de ella un supervalor se comienza a transitar peligrosamente por los límites de la falsedad y el bloqueo emocional.

Cuando la autocensura se vuelve demasiado grande sobreviene una terrible enfermedad conocida como *constipación emocional*. En estos casos, la emoción y los pensamientos quedan aplastados bajo el inclemente sobrepeso de una conciencia hiperactiva y fiscalizadora. La prudencia es un sistema regulador manejado por el superyó, que contiene y represa el comportamiento para evitar excesos. Desafortunadamente, a veces los desagües son insuficientes, el agua deja de fluir y comienza el proceso de estancamiento y putrefacción. En estos casos, es mejor dinamitar el muro de contención.

La prudencia es la carta de presentación de las personas tipo c. Ellas se vanaglorian de poseer el valor de la discreción en grado superlativo. Dicen exactamente lo que los demás esperan que digan, y se comportan como se espera que lo hagan. Hacen gala de una diplomacia digna de los mejores embajadores. Conozco personas que podrían manejar las relaciones árabe-israelíes o Moscú-Washington a la perfección, pero que no son capaces de expresar amor a sus seres queridos. La diplomacia es una profesión peligrosa.

La sobriedad excesiva y la dulzura generalizada despiertan en mí una especie de paranoia y desconfianza primaria. Siempre he considerado que las personas que no tienen problemas con nadie son, al menos, sospechosas de no decir lo que sienten y piensan. En una reunión social, un grupo de invitados hablaba sobre el "don de gentes". Ellos sostenían que había personas que se hacían querer por todo el mundo, porque eran muy buenas y jamás daban motivos para que se las rechazara. Mi opinión fue otra. Si se fijan posiciones, por puras probabilidades, habrá gente que no estará de acuerdo, y si el tema es álgido (por ejemplo, política, religión, sexualidad), peor. Por más querido, amable, cordial y ecuánime que sea un sujeto, si en una reunión del Opus Dei apoya públicamente las relaciones prematrimoniales, perderá de inmediato el "don de gentes", además de sus credenciales. Entonces, como los humanos somos susceptibles de ofendernos con facilidad, al menos en cuestiones de principios, la honestidad comunicativa creará incomodidad, así se utilice en pequeñas dosis. Si nadie habla mal de x, me acerco a x con cautela. Si una persona está de acuerdo con todo el mundo, me reservo el beneficio de la duda; por lo menos no me sentiría seguro de poner mi vida en sus manos. Cuando terminé de explicar mi punto de vista, me encontré hablando solo, con una viejecita muy simpática que me sonrió todo el tiempo y que luego me di cuenta de que era una fiel representante de los tipo c. La sinceridad es incómoda y a veces imprudente, pero necesaria. Hay que balancear la cosa y decidir.

Las personas tipo c que son extremadamente formales y cautelosas tienen serias dificultades interpersonales debido a que les cuesta meterse en el territorio del otro. Un médico cirujano había asistido a mi consulta por miedo a temblar durante las intervenciones quirúrgicas. Su sintomatología, además de un miedo intenso a cometer errores y hacer el ridículo, mostraba una clara incapacidad de leer emociones (alexitimia). La terapia no estaba funcionando adecuadamente. Mi paciente era un hombre supremamente escrupuloso, reposado y, claro está, ultraprudente. Tenía serias dificultades para manejar el personal médico a su cargo y ejercer disciplina. Le costaba hablar de sí mismo y mantenía distancias siderales con todas las personas, psicólogo incluido. Un día, buscando producir algún efecto sobre su imperturbable humanidad, decidí recibirlo con una nariz de papel tan larga como la de Pinocho. Cuando entró y le extendí la mano, él me saludó muy sesuda y cortésmente como era su costumbre y tomó asiento. Para mi sorpresa, la sesión comenzó a transcurrir como si la nueva protuberancia que asomaba de mi cara siempre hubiera estado allí. Departíamos y conversábamos como si nada pasara. Aproximadamente a la media hora, posiblemente motivado por el lado sano e "imprudente" de su mente, interrumpió el discurso psicológico para hacerme la observación obvia: "Perdón, no quiero importunarlo... Espero que no lo tome a mal, pero... usted... tiene una nariz de papel". Yo simplemente asentí con mi cabeza, lo que le obligó a retomar el tema. "Bueno, en verdad no sé qué decir... ¿Para qué la usa?" Le respondí que no era mi costumbre, pero que la verdadera razón era provocar en él alguna reacción de sorpresa distinta a la programación prefijada, ordenada y pulcra que lo caracterizaba. Le agregué: "¿Se ha dado cuenta de que se demoró media hora para preguntarme algo tan insólito?". Al tomar conciencia de lo que había pasado, comenzó a reír. Más adelante, cuando con el tratamiento comenzó a mostrar cierta mejoría, me comentó que esa sesión había sido especialmente importante para él.

El filtro de salida no puede achicarse tanto, porque el sistema no podrá vaciarse. Cuanto más expreses, menos tendrás para almacenar. Mientras que la postergación cierra las puertas de evacuación, la prudencia exagerada apenas las abre. Conéctate al mundo exterior sin tantas condiciones. Dentro de lo posible, deja que tus pensamientos y emociones circulen cómodamente. Arriésgate a decir, sentir y actuar de acuerdo con tus criterios. Si no violas el derecho de los otros y haces prevalecer los tuyos: ¡bienvenida la imprudencia! Comienza de una vez a construir tu nuevo canal de comunicaciones, tal como decía Benedetti: "Sin exclusas ni excusas".

3 | La sumisión como estretegia de apaciguamiento

La sumisión es la mayor estrategia de apaciguamiento que conocen los sistemas vivos cuando están enfrentados a un depredador, llámese león, rinoceronte, papá, mamá, jefe, amigo, profesor, suegra o lo que sea. Si nos enredamos en una relación donde nos sentimos débiles e incapaces, y las enseñanzas sociales no son útiles, la biología se hace cargo. Si es necesario, la naturaleza asume nuestra supervivencia individual, pero sin descuidar lo colectivo. Cuando un lobo va perdiendo la pelea con otro lobo y entiende que ya no tiene posibilidades de ganar, el lobo perdedor ofrece apaciblemente la yugular al oponente, como si dijera: "Perdí, acabemos con esto de una vez". Sin embargo, en ese momento tiene lugar lo increíble. El lobo ganador, inexplicablemente, se paraliza. Una fuerza milenaria le impide matar al que desde la humildad reconoce la derrota. Algún mecanismo primario, incrustado en el ADN o más allá de él, se dispara en el lobo ganador y le recuerda que la especie es más importante que el placer de eliminar al contrincante. ¡Qué maravillosa relojería instintiva! Nadie llamaría cobarde al lobo que se entrega, ni conmiserativo al que se paraliza, simplemente el milagro ocurre. Ni vencedores ni vencidos. Ambos lobos se alejan y la rueda de la vida continúa su ciclo. En otras especies, como por ejemplo los pavos, se da el mismo principio equilibrante. El pavo en desventaja estira su cuello en el piso y lo expone pasivamente al rival para que lo acabe a picotazos. Una vez más, el artificio mágico de lo natural se hace sentir: el pavo triunfador detiene su acto depredador.

Algunos no ven la cosa tan parsimoniosamente. Por ejemplo, Konrad Lorenz opinaba que en realidad el animal "vencido" era el que controlaba la situación, porque era el que dominaba a su rival, y que por lo tanto era el verdadero vencedor. Esto se conoce como la táctica del vencido. En sus palabras: "Un lobo me ha iluminado. No se ofrece la mejilla al enemigo para que vuelva a golpear sino para imposibilitarlo de hacerlo". Y mucho antes, en el siglo VI, Sun Tzu afirmaba: "El supremo arte de la guerra es dominar al enemigo sin luchar". Esta "táctica de poder" animal se ha intentado trasladar muchísimas veces al mundo de los humanos, pero sin tanto éxito para la supervivencia individual. Ni los judíos con el Holocausto, ni los antes mencionados Ghandi, Jesús y Martin Luther King, lograron sobrevivir, aunque dejaron huellas que aún perduran. Muchas mujeres víctimas de violación, durante el flagelo, utilizan automáticamente la estrategia del vencido. En ocasiones, la táctica produce resultados positivos y el violador pierde erección, pero en la mayoría de los casos el recurso falla. Ante la desesperación, la sumisión parece ser un recurso primitivo que incrementa la probabilidad de vida ante depredadores de la misma especie.

Como siempre, el hombre parece ser la excepción. Quizás en los seres humanos exista un gen recesivo egoísta que desconoce el bien común por encima del personal, o tal vez, en el famoso inconsciente colectivo de Jung, no haya perdurado la arcaica costumbre de respetar la propia especie.

La significación biológica de la sumisión también tiene que ver con la posibilidad de establecer y mantener un orden en determinados grupos animales y/o tribales. Hasta hace algunos miles de años, el hombre no hacía la guerra, sino que jugaba a guerrear. Esta tradición aún se mantiene en ciertas tribus primitivas, pero especialmente en algunas especies avanzadas de monos, como los chimpancés y los gorilas. El juego de guerra consiste en una serie de conductas simuladoras de ataque orientadas a producir miedo, que permiten detectar cuál de los luchadores está genéticamente mejor dotado para mandar. Cada uno de los rivales despliega aquellos comportamientos que se supone deberían producir pánico de acuerdo con el código biológico de la especie. Por ejemplo, agitar los brazos, correr amenazante, mostrar los colmillos, gritar, sacar pecho, golpeárselo y cosas por el estilo. El que menos se asuste ante las maromas del otro, o sea, el más valiente, es el ganador. No son jueces entrenados ni expertos observadores quienes eligen al más apto para dirigir la manada y hacerse acreedor a las ventajas que ello conlleva, sino la información genética compartida. Lo que más interesa a nuestro tema es que el mono perdedor reconoce su derrota mediante una serie de ritos y comportamientos ceremoniosos de evidente sumisión: caminar hacia atrás, extender los brazos, inclinarse reverencialmente y besar la mano. Estos actos orientados al reconocimiento público del macho alfa, además de ratificar al guía, también intentan avisar al contrincante que el juego ha terminado. Aunque las muertes son muy poco comunes en los juegos de guerra, a veces pueden ocurrir accidentes involuntarios. La sumisión, entonces, colabora al establecimiento de la dominancia jerárquica, a la vez que sirve de aviso para detener el simulacro de pelea antes de que alguien salga lastimado.

Muchas de las castas y el orden idólatra que aún perduran en determinadas subculturas del mundo civilizado son perfectamente asimilables al concepto de dominancia jerárquica. De manera similar, la gran mayoría de los comportamientos típicos que esgrimen las personas sumisas recuerdan los gestos y posiciones corporales de los juegos de guerra.

Los sujetos tipo c han incorporado las funciones básicas de la sumisión a su repertorio de manera desproporcionada, posiblemente por presiones ambientales en la niñez. Tal como nos enseña la naturaleza, cuando una persona se comporta sumisamente, realmente está intentando apaciguar a alguien que se percibe como amenazante (depredador) o reconociendo su superioridad.

En el contexto civilizado, la estrategia de sumisión trae más problemas que ventajas. El sumiso desconoce sus derechos personales y, por lo tanto, no los defiende ni los ejerce. Se acurruca, se entrega, se agacha, pero a diferencia de lo que ocurre en el mundo animal, aquí el opositor no perdona: "Al caído, caerle". La figura de autoridad produce en los sujetos tipo c una tendencia inmediata a someterse y a buscar la aprobación para que no se enfurezca. Recuerdo la primera sesión que tuve con una señora tipo c, muy simpática y suave. Al llenar un cuestionario de rigor sobre su historia personal, le pregunté si era casada o soltera. Ella respondió un escueto "sí", ante lo cual yo pedí la aclaración pertinente: "Sí... qué". Ella saltó de la silla y, con un gesto de consternación, se apresuró a contestar: "Sí, *señor*". El diagnóstico estaba hecho.

Una psicóloga amiga, admiradora furibunda del buen tacto, la discreción y la cordura, veía en los tipo c un atisbo de la paciencia que envuelve la posición tranquila del sabio. Luego de discutir algunas horas aceptó mi conclusión a regañadientes, pero con la compostura del buen perdedor. *El sumiso siempre espera obtener algo, la paciencia que llega de la sabiduría no espera nada.*

4 | La odiosa culpa

Aunque todos los humanos somos víctimas de ella, la personalidad tipo C es la que se lleva los honores. La culpa surge de la valoración moral negativa que la cultura o cada uno hace de ciertos comportamientos considerados inadecuados o indeseables. El sentimiento de culpa suele obrar como una forma de autocastigo que apunta directo al corazón, una especie de harakiri psicológico autodestructivo, donde se ataca a la persona y no la conducta específica: "Soy malo", "Soy un asco" o "Soy dañino"; en vez de decir: "He cometido una torpeza", "Me he comportado egoístamente", "He sido inadecuado". En otras palabras, la autoevaluación culposa nunca está ajustada a lo circunstancial, sino a la esencia misma del sujeto comprometido en la falta, lo que es a todas luces absurdo e inadmisible, porque nadie es totalmente malo o bueno. No es lo mismo decir "robó una vez", que decir "es un ladrón".

No estoy promulgando la insensibilidad ante los daños que podamos causar, voluntaria o involuntariamente, sino una responsabilidad compasiva que no incluya necesariamente la propia mutilación psicológica. Una cosa es asumir la responsabilidad y las consecuencias de los propios actos con preocupación sincera, arrepentirse y reconocer la equivocación, y otra muy distinta entrar en el tormento de la autolaceración psicológica. Enmendar, pero como un acto de fortalecimiento del yo, aprendiendo de los errores y sin lastimar descarnadamente la propia esencia.

La culpa tiene un sentido social y uno religioso. Desde la perspectiva del aprendizaje social, la culpa cumple una función de *autocontrol*. La sensación de sentirse malo es tan fuerte e insoportable que hacemos cualquier cosa para evitarla, incluido "portarnos bien". Muchas personas son honestas por convicción, pero otras muchas por miedo a la culpa. Desde esta óptica, la culpa anticipada puede ser vista como un método para hacer que la gente no se deje llevar por impulsos indeseables y antisociales, so pena de ser sometida a escarnio interior. No obstante su eficiencia relativa, son preferibles aquellos procedimientos pedagógicos más benignos y con menos contraindicaciones, como por ejemplo la enseñanza programada y racional de los valores. Recordemos que la culpa, en tanto proceso autodestructivo, es la antesala de la depresión.

Desde el punto de vista religioso, la culpa parece obrar como un sentimiento de *limpieza*. Es la otra cara de la moneda. Aquí, sentirse culpable implica arrepentirse y un gesto de reparación. Dicho de otra forma: "Si al hacer algo indebido, no me siento mal de haberlo hecho, soy muy malo o me aproximo a un perfil psicopático". En otra versión más cinematográfica: "Si no siento culpa por mis metidas de pata, soy inhumano, una especie de Robocop insensible que no merece compasión". Así, algunas personas aprenden a sentirse bien sintiéndose mal. Un masoquismo moralista al estilo japonés y un culto al sufrimiento inútil. Los yakuza se cortan el meñique en señal de desagravio y se lo entregan en un pañuelo al ofendido. Los occidentales nos arrancamos un pedazo de yo, lo aplastamos y se lo entregamos a cualquier autoridad moral para que nos confirme la expiación. En el caso del *autocontrol*, la culpa se vive como una cosa horrible que hay que evitar; en la *limpieza*, como una bendición que permite resarcirse frente al mundo, ante Dios o ante uno mismo.

No obstante las diferencias, en ambos casos los "arrepentidos" muestran la clara intención de desencartarse de la emoción culposa. Decir: "Discúlpame" es la forma más evidente de solicitarle a otro que nos quite de encima la carga que el pecado ocasionó y que ya pesa sobre nuestra autoestima.

Una paciente tipo c, que había enviudado hacía poco, mostraba ciertas fluctuaciones en su estado de ánimo muy atípicas. Sin que ningún elemento de su personalidad lo justificara, pasaba de la alegría a la tristeza de una manera milimétrica. Un día mal, un día bien, luego volvía a sentirse mal, y así. Al cabo de varias semanas de registro descubrí la causa. Ella confesó muy apenada que había días en que se sentía demasiado contenta de estar viuda, ya que su marido la maltrataba física y psicológicamente. Como consideraba que eso implicaba un irrespeto a la memoria del difunto, por las noches la embargaba una enorme tristeza y una profunda culpa: "¿Cómo me voy a sentir bien si él está muerto?". Al otro día, reparaba el "desliz" castigándose de todas las maneras posibles, especialmente utilizando autoverbalizaciones destructivas frente a sí misma. Así limpiaba la supuesta falla, pero al mismo tiempo permanecía atrapada en un duelo de nunca acabar. Después de muchas sesiones, entendió que su sentimiento de alivio era totalmente comprensible y tan humano como el pesar que aún sentía por el alma del fallecido. La culpa nos ata fuertemente al pasado y nos imposibilita vivir el aquí y el ahora con tranquilidad. Es un lastre que hace más aburrido y agotador el viaje.

Por medio de la culpa puedes llegar a odiarte a ti mismo de manera inmisericorde. Recuerda que tu esencia merece consideración. No necesitas suicidarte para quedar en paz, porque Dios te quiere vivo, mejorando y dignificando tu calidad de mónada pensante. En vez de castigarte, puedes asumir el compromiso de tus actos, arrepentirte, dar la cara valientemente y aceptar las consecuencias. No necesitas castigar tu ser para salir bien librado. Si reemplazas la culpa por responsabilidad y compasión, asumirás el deber de la reparación, sin aniquilar tu yo. Después de todo, y aunque tu ego se resista, no eres perfecto. Bota la culpa y reemplázala por algo más constructivo y formativo que te haga crecer como persona. No te ataques a ti mismo: respétate.

Cómo liberarse de la amenaza irracional del futuro: el arte de la sana resignación

El arte de retirarse a tiempo y saber perder

Retirarse a tiempo es una forma de aceptación. Este tipo de renuncia implica la decisión personal de no seguir invirtiendo recursos (tiempo, dinero o esfuerzo) en determinados proyectos de vida, porque ya no interesa, no conviene o se está harto. En otras palabras, esta renunciación puede definirse como el arte de darse por vencido, aun teniendo posibilidades de seguir luchando: es un acto de la voluntad. La saludable aceptación del que dignamente reconoce que perdió la batalla o se equivocó y *motu proprio* decide no seguir adelante.

No me estoy refiriendo a las personas que resuelven morir por sus ideales o que combaten para salvar sus vidas. En este análisis me circunscribo al conjunto de batallas intrascendentes o maladaptativas en las cuales estamos sumergidos diariamente.

Las personas que aprenden a renunciar a tiempo logran tres cosas importantes frente al futuro: en primer lugar, descargan el sistema de expectativas innecesarias; en segundo lugar, aprenden a perder, es decir, acatan los hechos y dejan de ilusionarse inútilmente; y en tercer lugar, descubren que las consecuencias nunca son tan horribles como las imaginaban, lo cual disminuye la catastrofización. En resumen, aprenden a enfrentar el miedo al futuro y a detener un poco el péndulo mental.

La sana resignación es aprender a desprenderse de los resultados, pero no por inseguridad, sino por el firme propósito de no continuar en un conflicto sin sentido: "Ésta no es mi guerra". La renuncia implica salirse del combate, pero no por la cobardía del desertor que traiciona, sino porque no vale la pena. La esposa de un alcohólico, luego de intentar por años la recuperación de su marido, me decía con toda tranquilidad: "Me cansé de dar, dar y dar. Es un caso perdido. Ya no quiero, ya no es mi causa. Me cansé... Que haga lo que quiera". El agotamiento que acompaña a muchas personas renunciantes no es la fatiga de la depresión, sino un cansancio liberador, como si el organismo asesorara a la mente obsesionada y dijera: "¡No más! ¡Por Dios, reacciona!". No solamente el cerebro, sino la tibia, el peroné, el hígado y los huesos son los que se oponen a seguir. La paciente que acabé de reseñar logró su meta y se independizó psicológicamente de los tragos de su esposo, pero muchas otras personas son incapaces de desligarse de las obligaciones contraídas, aunque no estén comprometidas afectivamente con ellas. No estoy hablando específicamente del apego emocional, al cual me referiré en otro apartado, sino de cualquier actividad donde estemos involucrados y no seamos capaces de decir: "No más, me salgo".

Una de las causas de esta incapacidad la debemos buscar en la siempre bien ponderada *esperanza*. Aunque en muchas situaciones es lo último que debe perderse, a veces debería ser lo primero. Independiente de la meta, la esperanza que no se pierde, por definición, mantiene a la persona en el futuro. Si la situación lo amerita, por ejemplo ante un naufragio, la esperanza será adaptativa, pero si es irracional, como en un amor imposible, puede alterar completamente el equilibrio mental. Una paciente de treinta y cinco años, con un grave problema de soledad, estaba profundamente interesada en un compañero de trabajo, un joven de veintinueve años, con quien había salido unas cuantas veces hacía cuatro. La relación, después de aquellos encuentros iniciales, se limitaba a lo meramente laboral, con algunos coqueteos esporádicos, miradas indiscretas y sonrisas sin importancia. Mi paciente había construido un verdadero castillo fantasioso con su compañero, pero no por amor, sino por ganas de jugar al matrimonio. El problema era que el juego le había tomado demasiada ventaja. Mientras ella soñaba al mejor estilo de Susanita la de Mafalda, su compañero salía con otras mujeres y había iniciado recientemente una relación con una mujer que trabajaba en la misma empresa. Durante tres meses pretendí, sin demasiado éxito, que apuntara su energía hacia algo más productivo, como por ejemplo a hacer nuevos amigos. Un día llegó a la sesión totalmente descompuesta por la noticia que había recibido: el joven se casaba. Yo me adherí a su dolor, pero en realidad me sentí complacido. Aunque iba a sufrir mucho, ésta era la posibilidad de enterrar toda expectativa frente a él. Los hechos eran contundentes en demostrar que el muchacho no la quería. Para mi sorpresa, el pensamiento de mi paciente tomó otro rumbo. Su pregunta principal fue: "No entiendo qué le puede haber pasado". Yo le contesté que posiblemente el muchacho se había enamorado de otra, pero no estuvo de acuerdo: "No... Yo sé que no... Apuesto a que está embarazada... Algo raro hay". Traté de agarrar el toro por los cuernos: "Creo que ya no hay nada que hacer. ¿Por qué no aceptas que se acabó? Piensa en lo que está ocurriendo: se va a casar. Si te quisiera, estaría contigo. ¿No te parece que has estado disponible para él todo este tiempo? Perdiste, no siempre se puede ganar. Creo que llegó el momento de deponer las armas. Es más, creo que esta batalla nunca tuvo contrincante. Acéptalo, ya no hay de qué asirse". Pero ni siquiera me escuchaba, estaba absorta en su mundo interior cavilando un nuevo plan de ataque, fundamentada en una esperanza totalmente irracional: "Estoy segura de que ese matrimonio no le va a durar mucho... ¿Qué cree que debo hacer?". Le dije: "Contéstame con sinceridad. Si él muriera, ¿qué harías?". Ella abrió los ojos y me respondió : "Me resignaría".

La incapacidad de renunciación también hay que buscarla en la educación. Para nuestro sistema de valores, saber ganar es más importante que *saber perder*. La capitulación y el reconocimiento de la derrota siempre dejan un sabor amargo. No conozco ningún colegio que premie al mejor perdedor. No importan los atenuantes, casi todo acto de renuncia es mal visto y sancionado negativamente, como el capitán que decide no hundirse con el barco. Para gran parte de nuestra cultura *western*, la valentía es incompatible con aceptar tranquilamente el fracaso en la contienda y la negación a seguir peleando. No importa cómo ni por qué se pierda: perder siempre es malo. Nunca hay que tirar la toalla. Esta espada de Damocles colocada sobre nuestra honra hace muy difícil aceptar el fracaso. Aunque debo confesar que en más de una ocasión la derrota ha producido en mí una calma especial respecto al futuro: un problema menos. Estar definitivamente *out* es una manera de no tener que preocuparse ya por los desenlaces. Sin embargo, la tozudez crónica de no dar el brazo a torcer y morir en el intento impulsa a las personas a continuar más allá de sus posibilidades reales.

Una tercera causa posible está relacionada con ciertos rasgos de *inmadurez* respecto del manejo que se hace del placer y la comodidad. Hay personas que no son capaces de renunciar a lo agradable y no soportan la incomodidad. Por ejemplo, fui incapaz de convencer a un paciente de que no fuera a pasar vacaciones a una casa donde no era bien recibido. Sus respuestas eran totalmente infantiles: "Pero la casa es hermosa", "No tengo dinero para irme a otra parte", "Necesito unas vacaciones". La negación total. Todos los argumentos justificatorios eran egocéntricos: "Me gusta", "Necesito", "Quiero". Muy simple, cuando no se puede, no se puede, pero aquí se podía aunque hubiera que negociar principios y rebajarse. La corrupción no sólo se ve en las altas esferas. Otra paciente odontóloga tenía serios problemas con la persona que le arrendaba el consultorio. Además de explotarla en el contrato de arrendamiento y hacerle mal ambiente, le quitaba pacientes de la lista de espera. La situación se había vuelto insostenible y mortificante para ella. Cuando le propuse que se fuera de inmediato a otro consultorio disponible en el mismo edificio, se asustó. Le reafirmé que no tenía otra opción, y que aunque perdiera una semana o dos de consultas, se justificaba. Ella me respondió que era mejor esperar un tiempo y dio la misma excusa tonta que suelen dar las personas incapaces de renunciar: "Ahora no es el momento". Lleva allí seis meses, bajo las mismas condiciones humillantes. En la vida hay que cambiar unas cosas por otras, y a veces incomodarse es la única forma.

La mayoría de nosotros vive enfrascado en una gran cantidad de batallas cotidianas en las que no queremos estar, que ni siquiera son propias, y de las cuales deseamos independizarnos. Dimitir, abdicar, salirse de ellas es quitarse una infinidad de preocupaciones dañinas y sacudirse del mañana inútil. Sufrir innecesariamente no es un valor rescatable. Hay que deponer las armas y solamente hacerse cargo de lo que verdaderamente es vital para uno. Por lo demás, no hay que insistir ni invertir psicológicamente en lo que no produzca paz. Cerrar el negocio a tiempo puede ser una gran idea para dejar de perder. Colgar los guantes y privarse de nuevos golpes es prolongar la vida. La renunciación, en cualquiera de sus formas, es un acto de redención.

Si haces de la esperanza una forma generalizada de vida, tu mente quedará atrapada en el futuro y te perderás del presente. Haz una lista de las luchas que no consideras tuyas, de las que no te convienen, de las que estás cansado de insistir e insistir. Asume con pasión y amor lo que verdaderamente quieras llevar adelante y desecha esos viejos encartes que te asignaron con o sin tu consentimiento. Notarás que el mañana dejará de ser una carga impositiva. Aprender a perder es abandonar el campo de combate para no volver jamás; de cierta manera, es olvidar el futuro. Sé un buen perdedor y harás de la derrota una oportunidad para seguir avanzando sin tanta prisa. El que renuncia deja de esperar; por eso la resignación sana es ausencia de deseo y un paso a la sabiduría.

El arte de entregarse y aceptar lo peor que pueda ocurrir

Cuando estamos frente a situaciones incontrolables y además importantes para nuestra supervivencia física o psicológica, los recursos tradicionales de afrontamiento y resolución de problemas no suelen ser útiles. No se nos ha enseñado qué hacer cuando no hay nada por hacer. En esos momentos nos sentimos frustrados y furiosos. El tipo A se desfigura y el tipo C llora desconsolado. Ni la lucha por el control ni la postergación parecen ser las estrategias adecuadas para sobrellevar la incertidumbre. En estos casos, la mejor alternativa parece ser entregarse al universo y dejar que él se encargue.

Un señor ejecutivo con fobia a volar había recibido un excelente ascenso dentro de su empresa, con un aumento sustancial del sueldo además de otras ventajas adicionales. Solamente había un pero: debía volar tres o cuatro veces por semana a distintas partes del país. La angustia comenzó a adquirir dimensiones gigantescas. Comenzó un tratamiento combinado de drogas y procedimientos de desensibilización que le permitió a duras penas subir al avión. De todas maneras, la ansiedad anticipatoria a volar estaba afectando seriamente su salud y capacidad laboral. Después de dos meses de intentarlo todo, el miedo anticipatorio seguía igual. Él estaba cansado y yo también. Un día me dijo que ya no aguantaba más y que iba a cambiar de trabajo. La manera de decirlo, su rostro fatigado y desencajado, me hicieron entender que hablaba en serio. Utilicé todas las argumentaciones posibles para que cambiara de parecer, pero su decisión parecía inamovible. En un momento de la conversación, viéndome sin recursos, y posiblemente amparado en mi impotencia profesional, hice una enfática y dramática sugerencia: "Bueno, si se cae el avión, qué le vamos hacer... ¡Se murió y listo! Acepte que se va a morir ese día, despídase de su mujer e hijos, deje testamento y muérase, pero en paz". Cuando terminé mi "antiterapéutica" recomendación, ocurrió lo imprevisto. La expresión de mi paciente cambió súbitamente, como si hubiera hecho clic en algún comando desconocido. Un nuevo software se había activado en él: "¿Sabe que su consejo no me desagrada? ¿Qué puedo perder?". Luego de meditar un rato la cuestión y ante mi total silencio, agregó: "No es mala idea". Así se hizo. Cuando abordó el avión, decidió que aceptaría lo peor que le pudiera ocurrir. Se despidió de su mujer e hijos como si partiera al más allá. Sus "últimas palabras" antes de abordar el vuelo fueron: "Me entrego a Dios... ¡Me importa un rábano lo que pase!". Ya en el avión, si éste se movía, la sugerencia era retarlo: "¡Más! ¡Muévete más! ¡Cáete de una vez!". No sabemos qué impacto produjo su comportamiento en los otros tripulantes, pero ese vuelo y muchos otros que tendría después solamente estuvieron acompañados por el "miedo normal", no incapacitante, que todos sentimos. A veces, la mejor manera de ayudarle a la vida es no ofrecer resistencia.

La famosa frase con la que los indios nativos americanos contestaban las amenazas de los desconcertados soldados invasores era: "Es un buen día para morir". Lo que podría significar: "Doy gracias por cada día de vida y por lo que he aprendido, pero si aquí se termina, es porque así debe ser". Al entregarse a la Divina Providencia se deja de vivir en el futuro porque ya no hay nada que controlar.

La aceptación de lo peor que pudiera ocurrir no es precisamente un acto de fe convencional, en el sentido de que "confío en que me va ir bien", sino la fe del "no me importa". El abandonarse en el cosmos, es decir, el desmayo de la mente. Hablo del suicidio provisional del ego que se ve a sí mismo como estorbando y decide hacerse a un lado. Un *lapsus* de amor y desprendimiento para que Dios pueda pasar. Una mujer católica de cincuenta y cuatro años había configurado un cuadro de hipocondría luego de haber sido sometida a una cirugía donde se le había extraído la matriz. La preocupación de contraer alguna enfermedad grave se había convertido en un tormento para ella, ya no disfrutaba de sus actividades y estaba al borde de una depresión. Los procedimientos aplicados no eran suficientes ante la gran cantidad de anticipaciones catastróficas. Un día, al verla tan abatida, le pregunté si no estaba agotada de hacer tanta fuerza: "Lleva más de un año pronosticando enfermedades terminales y no ha acertado ni una. Ha gastado enormes sumas de dinero visitando médicos y curanderos. ¿Por qué no deja en paz a Dios? Usted es católica de misa diaria y sin embargo no tiene fe. No me refiero a la fe de que Dios existe y la va a aliviar, sino a la firme convicción de que él hará lo mejor que deba hacer. O sea, le estoy pidiendo que tome a Jesús como modelo: no tenga fe, sino certeza. ¿Certeza de qué? De que Dios realmente eligirá la mejor opción. Encomiéndese en sus manos, no para que la cure, eso sería ponerle condiciones, sino para que él decida por usted. Entréguese incondicionalmente y acepte lo que vaya a ocurrir. Ayúdele a Dios, quitándole un poco de mente a su cuerpo. Usted debe cuidar su salud, pero no puede tener control total sobre ella... Qué cansancio, ¿verdad?". A partir de ese momento decidí solicitarle al sacerdote de su parroquia, un hombre joven y realista, que conversara con ella de vez en cuando para completar la terapia. Esa ayuda fue definitiva.

Una manera menos espiritual para enfrentar la incertidumbre consiste en un coctel de bastante hartazgo con pequeñas cantidades de ira. Un paciente adulto que sufría de trastorno de angustia (miedo al miedo) llevaba más de diez años padeciendo la enfermedad, sin que ningún tratamiento pudiera aliviarlo. Una de sus principales preocupaciones era sufrir un infarto, pese a que el cardiólogo le aseguraba lo contrario. Una mañana, de buenas a primeras, decidió enfrentar el miedo hasta sus últimas consecuencias. Cuando le pedí que me contara exactamente qué hizo, me explicó que se había sentado en el piso de su oficina y había comenzado a gritar con todas sus fuerzas, mientras le daba patadas al piso: "¡Me cansé!... ¡Esto no es vida!... ¡Maldita sea! ... ¡Estoy harto!... ¿Me va a dar un infarto?... ¡Que me dé!... ¡No me importa! ¡Que me dé! ¡Ya no aguanto más!... ¡Me quiero morir ya!". Así siguió por una hora y media aproximadamente, hasta quedar totalmente exhausto y no sentir la más mínima sensación de miedo. El cuadro de pánico desapareció totalmente a partir de ese momento y hasta hoy, cuatro años después, no ha habido recaídas de ningún tipo. Este sujeto decidió aceptar lo peor que él había pronosticado, sin recurrir conscientemente a la Providencia, porque se había cansado de sufrir. Una resignación a la brava, pero efectiva.

Cómo aligerar la carga innecesaria del pasado: las estrategias del punto final

La magia del perdón

Afirma el conocido dicho: "El tiempo cura todas las heridas", y como todo refrán, su contenido posee cierta sabiduría popular. No cabe duda, a veces el tiempo cura las heridas y los hechos se diluyen en el infinito mar de información almacenada hasta desaparecer. Es posible que la persona afectada, cuando alguien le recuerde inoportunamente los acontecimientos negativos, simplemente se limite a contestar: "Eso ya pasó... Ya no tiene importancia". Desgraciadamente, esta forma natural de curación psicológica no ocurre tan frecuentemente como uno podría suponer. En la mayoría de los casos se necesita un vida entera, o más de una, para que los malos recuerdos dejen de doler.

Afortunadamente, el ser humano posee otra facultad sustitutiva a la amnesia primaria, que no necesita tanto de la memoria como de la decisión y el amor. A esta aptitud se le conoce como el acto del perdón. Perdonar es el acto por el cual remitimos o exceptuamos de la deuda psicológica a alguien o a nosotros mismos. Contrariamente a lo que se piensa, el olvido no es perdón, sino una alteración momentánea de la memoria, un bloqueo informacional patológico o una enfermedad neuropsicológica. Al que perdona no le pasa nada raro en la memoria, simplemente decidió hacer y hacerse un regalo. Un golpe en la cabeza puede producir olvido, pero no perdón. Cuando el indulto se otorga, el recuerdo sigue, pero ya no hace daño.

El proceso del perdón incluye un beneficio en doble sentido: alivio del resentimiento para quien lo ofrece y de la culpa o vergüenza para quien lo recibe. No solamente es un obsequio que se entrega, sino una forma de autorrecompensa y liberación. Anthony de Mello decía: "Usted no hace nada para ser libre, usted descarta algo. Entonces es libre". El perdón es una manera de lavar el alma y la mente. Es purificar el mundo interior.

Al acto de perdonar se llega por dos caminos: la revaluación objetiva de los hechos o el amor. En el primer caso, la persona decide revisar el pasado desde una nueva óptica, más desprevenida y actual, tratando de darle una oportunidad a los implicados. Este revisionismo autobiográfico intenta desarrollar una *actitud más comprensiva* para entender por qué ocurrieron los hechos y cuáles fueron sus causas. Es un proceso totalmente intencional y guiado por la razón. Su meta no es justificar ni juzgar a los inculpados, sino hallar una explicación que permita una interpretación más benigna y tolerante. Explicar el comportamiento no es lo mismo que justificarlo (podemos llegar a explicar psicológicamente cómo se desarrolló la personalidad de un delincuente, pero no justificar sus acciones). Muchas de estas investigaciones personales terminan en nuevas formas de percepción y evaluación, donde los agresores son aceptados desde una perspectiva más humana y, finalmente, absueltos. En otros casos, la indagación puede culminar solamente en una amnistía parcial, que no es perdón, pero sí una aproximación interesante. Personalmente tuve una de estas experiencias y aún me encuentro en proceso de llegar a perdonar. Cuando tenía seis años, mi padre me mandó a comprar el periódico a la esquina. Yo estaba jugando con una colección de revistas de superhéroes (apenas diez), de la cual me sentía profundamente orgulloso. Interrumpí lo que estaba haciendo y fui a cumplir el mandado. Al llegar, el vendedor me dijo que el camión estaba por llegar y que lo esperara. A los veinticinco minutos compré el diario y me fui corriendo a mi casa. Al llegar, mi mamá tenía cara de haber peleado, mi padre me arrebató el periódico y se fue para su cuarto. Cuando entré a mi habitación no encontré mis revistas. Le pregunté a mi madre por ellas, y entre lágrimas me señaló el bote de la basura. Cuando me asomé, vi mis revistas vueltas añicos, totalmente rotas. Mi demora había ocasionado en mi padre una impaciencia tan irracional que había descargado su ira con mis diez revistas rompiéndolas en pedacitos. Recuerdo que comencé a llorar mientras trataba infructuosamente de rehacer cada una de ellas. Mi madre me abrazó y mi padre jamás habló del asunto. Treinta años después, al poco tiempo de morir él, hablando un día con mis hermanas, lo recordé todo. Como un río fuera de control, el material reprimido se desbordó y comenzó a calar el alma. Desde entonces, me he sentado varias veces a revaluar y crear argumentos que me permitan, tal como decía el personaje de *El príncipe de las mareas*, "aceptar a mi padre con su terrible humanidad". He encontrado excusas, atenuantes y paliativos, como por ejemplo la ignorancia del inmigrante, la segunda guerra mundial y la pobreza, pero aún no he llegado a perdonarlo de corazón.

Hay un segundo camino menos tortuoso y directo para llegar al perdón, y es el que llega desde el amor. Aquí la indulgencia es plenaria e incondicional. Aquí no hay razones, ni intentos de comprensión. El indulto es porque sí, sin más motivos que el sentimiento de amar, y punto. Cuando nos ofende un hijo, no necesitamos análisis de ningún tipo; el perdón nace sin esfuerzo ni condición. Podemos jugar a estar enojados uno o dos días, pero luego, aunque intentemos que la rabia dure lo suficiente para darle un escarmiento, se nos pasa. Si hay amor, hay perdón. Si amamos a nuestra pareja, la perdonamos; si nos amamos a nosotros mismos, nos perdonamos. Si no hay perdón, algo le está pasando al amor.

Para solicitar perdón, solamente se llega por un camino: la humildad. Pero una humildad decorosa. La absolución que se pide, si es digna, es decir, no humillante y atentatoria de la propia esencia, es un paso importante para el fortalecimiento del yo. Por ejemplo: "Vengo a pedirte perdón porque te he sido infiel. No me siento bien de haberlo hecho... Tú no lo mereces... Además te amo... Perdóname". Es casi como decir: "Compréndeme, quiéreme o acéptame", pero sin la autodestrucción típica del sumiso o el culposo crónico. Una versión menos respetable sería: "Te suplico que me perdones... Yo no tengo arreglo... Soy una porquería.... No te merezco... Siempre he sido una persona infiel... [*arrodillándose y juntando las palmas de las manos en señal de súplica*]... Por favor, apiádate de mí.. No me dejes". Obviamente, si este caso fuera real, independientemente de que se obtenga o no la clemencia, recomendaría asistir lo más pronto posible a un buen terapeuta. Requerir el perdón es un acto de valentía y un bálsamo, pero jamás debe hacerse como un acto de laceración personal, sino de engrandecimiento.

El perdón evacua la memoria de malos recuerdos y alivia tus heridas. Si decides hacer uso de él, acabarás con buena parte de la carga del pasado. No necesitas ser un perdonador de tiempo completo, simplemente, dentro de tus limitaciones naturales, comenzar a intentarlo. Perdonar y ser perdonado es un método exclusivamente humano, al cual puedes apelar para cerrar un capítulo y enterrar lo que te mortifica. Comienza a desaguar el sistema hoy mismo, elige a quién vas a indultar y comunícaselo. Si no puedes, hazlo silenciosamente como un acto de autorrecompensa. Te quitarás un peso de encima y un problema menos por solucionar, además de aproximarte al amor. El perdón te permite no sólo estar "a paz y salvo", sino "en paz y a salvo".

Hablar de ello

Aunque el perdón limpie una buena parte de nuestra base de datos, no todo es resentimiento o culpa. La memoria contiene sentimientos supremamente resistentes a la erosión del tiempo (como, por ejemplo, los amores imposibles) y dudas sin solución (como las de algunos hijos adoptados que se preguntan quiénes habrán sido sus padres y por qué los abandonarían). Hay cosas que no podemos resolver por nosotros mismos, pero que desgraciadamente ya forman parte de nuestro *curriculum vitae*. Dudas, miedos, secretos ultraocultos, romances prohibidos, perversiones simpáticas, en fin, la memoria autobiográfica posee toda una enciclopedia de intimidades que hacen más lento el andar y crean confusión.

Mi experiencia profesional es que cuando ese mundo clandestino sale a flote de una manera adecuada y con la colaboración de personas responsables y competentes, la cuestión es absorbida por el organismo. No significa que se encuentre necesariamente la solución, pero muy probablemente la información pasada perderá gran parte de su carga negativa. Por lo general, cuando los pacientes cuentan su "gran secreto" sienten una mejoría inmediata y el restablecimiento automático de la autoaceptación. Por un lado, descubren que el oyente no se horroriza tanto como esperaban y, por otro, siempre parece haber alguien con un problema mayor y eso, aunque sea consuelo de tontos, ayuda. Algunas personas se sienten sucias y no merecedoras de amor porque en su pasado esconden pequeñas "indecencias" y errores de juicio, que a la hora de la verdad no son tan graves, totalmente comprensibles y más comunes de lo que se piensa. Nuestros archivos secretos son similares. En la intimidad, cuando nadie nos ve, cometemos las mismas fechorías inofensivas en pensamiento, palabra y, casi nunca, en obra.

Cuando se tiene un problema hay que sacarlo y ponerlo sobre el tapete para mirarlo mejor y destriparlo si se puede. Hablar de ello y comunicarse asertivamente con amigos sinceros, asesores espirituales y psicólogos bien calificados es bueno y saludable. Contarle a un buen escucha, que nos acepte pese a todo, nos hace sentir en casa. Es repartir, así sea por un rato, la carga entre dos.

Si tienes algún secreto que te agobia, alguna pregunta sin respuesta, algo de lo cual te avergüenzas, y el perdón no te sirve, no te quedes en silencio. Habla de ello. Busca a alguien de confianza que pueda escucharte. Cuéntalo sin pelos en la lengua ni esguinces de ningún tipo. Saca todo a relucir y te sorprenderás del resultado. Si te da pena, siente la pena hasta aturdirte con ella, pero habla. Nada de lo que ocultas es en principio inexplicable. Todo es entendible si lo expones con sinceridad. Comparte tu mundo interior: ésa es una manera saludable de comenzar a borrar el pasado improductivo y ponerle punto final a lo que no vale la pena.

Conclusiones de cómo aquietar la mente: la personalidad tipo B y el equilibrio mente-cuerpo

La personalidad tipo B es un estilo protector y promotor de salud. No es un santo de canonizar ni se parece a un monje budista, simplemente no anda balanceándose de un extremo al otro del tiempo mental. Ni la orilla futurista del tipo A, ni el límite retrospectivo del tipo C. Solamente fluctúa lo necesario para esperar las contigencias y aprender del pasado. Ni tan tan, ni muy muy. En este contexto psicológico de aquietamiento, los métodos de apaciguamiento interior, como la meditación, la relajación, la danza, el tai chi y otros, generan mejores resultados. Al permanecer más tiempo en el aquí y el ahora, se facilitan los contactos internos y el desarrollo de un mayor autoconocimiento. El sujeto tipo B entiende que vivir es un cambio permanente guiado por la autoobservación, y eso intenta hacer.

Sin la ostentación del tipo A y sin la pasividad del tipo C, se orienta a establecer un equilibrio entre lo que el cuerpo le manda y la razón le exige. Le quita mente al asunto cuando no es importante y enfila todas las baterías inteligentes cuando es vital. Sus valores son claros y son los que guían, en última instancia, la decisión final.

No sigue los malos ejemplos del tipo A. Puede manejar su tiempo personal sin angustias; ambiciona, sin caer en la codicia y la envidia; sabe que no puede controlarlo todo; reconoce la importancia de los resultados, pero puede prescindir de ellos. El tipo B sabe perder y parar a tiempo. Cuando ya nada puede hacerse, practica el arte de la sana resignación. No descuida su salud y posee una gran sensibilidad para el disfrute, porque trabaja para vivir y no a la inversa. No queda atrapado en la trampa del devenir. Se adelanta previsoramente en el tiempo, pero no le interesa ser oráculo. Abandona el futuro improductivo por el presente.

Tampoco se parece al individuo tipo C. No le gusta postergar, sino enfrentar las cosas cada vez que se pueda; es prudente y moderado, pero sin negociar principios; no es sumiso, sino asertivo; respeta los derechos ajenos, pero sin violar los propios; no se deja afectar por la culpa autodestructiva. El sujeto tipo B no queda atrapado en la trampa del pasado. Aprende de él cuando hay que hacerlo, pero no le rinde culto a la memoria. Solamente intenta registrar aquella información útil y adaptativa. Utiliza las estrategias del punto final: sabe perdonar y comunicar sus estados interiores. Abandona el pasado improductivo por el presente.

Pero la característica más determinante del estilo tipo B es su capacidad de discriminación, es decir, la facultad de saber decidir psicológicamente qué debe desecharse y qué debe rescatarse, cuándo utilizar una estrategia y cuándo no. Tal como afirmaba Buda: "Elegir el camino de en medio", que no es lavarse las manos, sino el arte de superar dialécticamente las contradicciones. La sabiduría está en el talento de reservar la gran energía para cuando valga la pena. No es privarse de la vida, sino canalizarla a través del sutil proceso de la diferenciación. Ni tan rígido como para no moverse, ni tan flexible como para perder el norte. El taoísmo utiliza la analogía de la caña del bambú para representar la fortaleza del que transita por el camino de en medio. En palabras de Diane Dreher: "El bambú es gracioso, erguido y fuerte, hueco por dentro, receptivo y humilde, se inclina con el viento, pero jamás se quiebra".

Cuando comiences a alejarte de los estilos malsanos que hemos mencionado, estarás empezando a fortificar tu yo. No importa el nombre que le pongas, llámese B o Z, esta nueva forma de vivir, no solamente te ayudará a crear inmunidad frente al cáncer y al infarto, sino que te permitirá doblegar un poco al "mono loco" y asomarte adentro tuyo, para ver qué hay.

PARTE III

UN REENCUENTRO CON LA SABIDURÍA NATURAL

De cómo aprender a leer los dictados de la naturaleza interior

Tú no viniste a la tierra, saliste de ella.

Alan Watts

Quizá no estemos buscando en el lugar adecuado. Es posible que el significado de la existencia humana no esté en las estrellas, sino en la tierra, y más específicamente en la información que reposa en cada uno de nosotros. Quizá no haya que ir tan lejos. Tal como enseña el adagio: "Cuando Dios quiere escondernos algo, lo pone bien cerca nuestro".

En el ser humano todavía existen remanentes de lo que fuimos y por medio de los cuales la naturaleza puede expresarse sin tanta interferencia de la mente. Las emociones primarias son parte de esa evidencia viviente. Si alguna de ellas aflora, el universo entero vibra y se confunde con nosotros. Por eso, cada vez que sentimos la emoción ocurre ese contacto especialísimo entre las fuentes naturales del saber y el que recibe la enseñanza. Cada sentimiento reprimido es una oportunidad desperdiciada de aprender. Recordemos que el sabio jamás esconde sus emociones primarias; las agota, las gasta, las observa, escudriña en ellas intentando captar su oculto mensaje, porque sabe que son una forma de significado.

La capacidad de sentir es poner a funcionar la vida en la estructura molecular que nos pertenece, es adquirir nuevas configuraciones energéticas para alcanzar las metas fundamentales de la supervivencia. Las emociones son fluctuaciones del espíritu, tonalidades del alma, sin las cuales no habríamos existido nunca.

Enseñanza I: sobre el dolor y el sufrimiento

Unir todos los sufrimientos para que el dolor del mundo se convierta en un grande y único acto de conciencia, de sublimación y de unión: ¿no sería ésta una de las formas más altas que, a nuestros ojos, podría tomar la misteriosa obra de la Creación?

PIERRE TEILHARD DE CHARDIN

Descifrar el dolor

Comprender el significado del dolor físico nos permitirá entender y darle un sentido al sufrimiento psicológico. El dolor cumple una de las funciones adaptativas más importantes para la supervivencia del hombre: avisar que un órgano físico está funcionando mal o está siendo agredido, para que sea reparado o defendido. Una vez activada la señal de alarma, su impacto es de tal magnitud que no puede pasar desapercibido. El dolor duele, y mucho. Y no es para menos, si consideramos las enormes implicaciones que tiene para la vida humana. Si la advertencia fuera suave y amable, ignoraríamos la información, y la enfermedad o la dolencia seguirían avanzando. El dolor nos da conocimiento de causa para intentar solucionar el problema. Pese a lo primitivo y tormentoso del método, no deja de ser ventajoso poder contar con un guardián tan eficiente que nos indique cuándo algo anda mal.

Sin embargo, no se debe desconocer que el dolor a veces se ceba en su función y se vuelve demasiado insistente. El cerebro humano no posee un sistema de retroalimentación para contestar al aviso doloroso: "Ya entendí. Sé que mi muela tiene caries. Ya recibí el recado, iré al dentista mañana a primera hora, pero no seas tan obsesivo y deja de machacar". Afortunadamente el dolor no entiende este lenguaje; si no, más de uno se hubiera muerto en la sala de espera. Si se obtiene la cura o se restablece la normalidad del órgano, él se calma. Si no es así, persiste incisiva y categóricamente hasta que llegue la sanación.

La mente inventa el sufrimiento

Al "dolor psicológico" lo llamamos sufrimiento. De manera similar a lo que ocurre con la biología, el sufrimiento también cumple una función de aviso en el mundo psicológico. Por ejemplo, cuando alguien nos rechaza, este "dolor" nos está diciendo que hay una estructura mental afectada o un apego irracional que debemos destruir (por ejemplo, necesidad de aprobación). Cuando pierdo un partido de tenis y siento aflicción profunda por ello, este sentimiento negativo de "pérdida" dice que se ha visto alterada mi autoexigencia, es decir, la "necesidad de ganar" ha sufrido una derrota, y, por lo tanto, "duele". En ambos casos, un sentimiento de incomodidad nos indica que cierta necesidad psicológica no se ha visto satisfecha, o, lo que es lo mismo, un "órgano mental" ha sido afectado. El origen del sufrimiento, tal como señalaba Buda, está en querer retener algún aspecto de la realidad que nos interesa, sin ver que "el todo" está en un constante fluir. La seguridad psicológica parece ser una ficción de la mente que espera encontrar lo estable, lo indestructible y lo eterno. La madurez psicológica de un yo fuerte es la aceptación de que nada es para toda la vida. Del desprendimiento nace la paz.

Aunque hay sufrimientos más importantes que otros, y algunos francamente pueriles, todos dejan su lección. El sufrimiento es el termómetro del alma, la señal que nos indica el camino para alcanzar el fondo de nuestra conciencia y eliminar los esquemas mentales maladaptativos. Mientras que el motor principal de la evolución de las especies ha sido el peligro, el sufrimiento es el principal impulsor del crecimiento psicológico personal. Aunque no nos guste, no se puede avanzar sin él; más aún, si lo evitamos, cerramos las puertas de la realidad interior. Nada más peligroso que una infección sin fiebre. No estoy diciendo que debamos rendirle culto al sufrimiento ni regodearnos en él a la manera masoquista, sino que realistamente comprendamos su función. Insisto: pese a que nos fastidie, el sufrimiento nos enseña el lado oscuro de la mente y qué cosa modificar.

Desde este punto de vista, muchos incidentes críticos pueden concebirse como una ocasión para mejorar. Los chinos utilizan un carácter gráfico combinado para representar la palabra "crisis": una parte significa *peligro* y la otra, *oportunidad*. En idioma español el término también adquiere dos significados: *conflicto* y *transformación*. Es decir, toda situación de estrés es una oportunidad para reestructurarse a sí mismo. O dicho de otra forma, toda transformación real conlleva una dosis de malestar implícito.

Los reveses de la vida muchas veces son una ocasión para cambiar. Si la intensidad de la experiencia es alta, su impacto puede producir una verdadera revolución interior en la manera de ver y percibir el mundo. Un señor de cincuenta años, dedicado a la ganadería, había comenzado a asistir de mala gana a mi consulta por sugerencia de su mujer. Era un individuo supremamente inteligente, rudo, de mal carácter, insensible, poco afectuoso y que generaba miedo en todas las personas que convivían o trabajaban con él. Era un hombre muy adinerado que ejercía a la perfección el abuso del poder y la explotación. Cuando llevábamos cuatro meses en terapia, obviamente sin mejoría alguna, ocurrió lo imprevisible: mi paciente fue víctima de un secuestro. No volví a saber nada de él, hasta que tres meses después, al otro día de ser rescatado por la policía, regresó otra vez a consulta. Verlo nuevamente me produjo un gran impacto. Ya no era el mismo. Había pasado todo su cautiverio amarrado, en un pequeño cuarto de paredes blancas y con muy mala alimentación. Se le veía demacrado, cansado y con algunas nuevas canas. Caminaba con dificultad y apenas podía mover un brazo. Pese a todo, un brillo extraño y muy especial acompañaba su manera de mirar. Le pedí autorización para grabar la sesión y accedió muy amablemente. Comenzó su breve exposición de los hechos con un tono de voz sereno y pausado: "Esta experiencia ha sido muy importante para mí... Creo que la vida me obligó a mirarme a mí mismo a la fuerza... No había sido capaz de hacerlo antes, no sé por qué... [*Suspiro*]... Creo que aprendí muchas cosas... [*Mirando unos búhos de porcelana*] Por ejemplo, yo nunca había reparado en los colores... ¿No le parece increíble que los colores existan?... De tanto mirar esa pared blanca aprendí a sentir cómo palpita la naturaleza, porque realmente eso es lo que pasa... La vida está viva, ¿me entiende? Los colores se mueven... Usted va a pensar que estoy loco, pero puedo oírlos... Elija uno y verá que puedo decirle el color con los ojos cerrados". Le coloqué un pequeño búho amarillo en la mano y lo comenzó a acariciar suavemente por unos segundos: "Es amarillo, ¿verdad?". Repetí el experimento con otros objetos y el resultado fue el mismo acierto. Luego continuó su relato sin inmutarse: "Sufrí mucho... Pero lo peor no era el dolor de las piernas y los brazos, sino estar lejos de los míos... [*Sollozo*]... No les di lo que podía... En las horas de soledad solamente le pedía a

Dios que me diera otra oportunidad para cambiar... Vi todo lo malo que había en mí... [*Suspiro*] Va a tener mucho trabajo conmigo". Le pregunté: "¿Qué siente en este momento?". Cerró los ojos y dejó salir la respuesta desde lo más profundo de su ser: "Humildad... Humildad... Sólo eso". Aprendí mucho de mi paciente. A lo largo de un año lo vi crecer a pasos agigantados. Aunque su hipersensibilidad a los colores desapareció, su progreso psicológico y espiritual crearon una verdadera revolución interior. Para ser más exacto, y parafraseando a Krishnamurti, hubo una mutación psicológica. Vi cambiar la dureza por ternura, la explotación por compasión, el aislamiento afectivo por abrazos y caricias, y la indiferencia por interés y preocupación sentida. La última vez que supe de él, estaba participando activamente en un grupo de ayuda a los indigentes. El mensaje es claro. Sin anestesias ni subterfugios de ningún tipo, la crisis incontrolable produjo la cantidad de sufrimiento necesaria para que mi paciente no tuviera otra opción que asimilar la información y evolucionar. Desgraciadamente no todas las personas sometidas a situaciones límite logran este impacto positivo. Si el manejo de la experiencia estresante es inadecuado, puede sobrevenir lo que se conoce como "síndrome de estrés postraumático", un trastorno que necesita ayuda profesional.

Si bien es cierto que todo sufrimiento deja su enseñanza, a veces es posible ubicarlo en un contexto diferente y crearle un nuevo significado. En estos casos, el sufrimiento adquiere una dimensión especial que trasciende la cualidad educativa que lo caracteriza. Un señor de edad, viudo desde hacía dos años, no había podido superar la muerte de su mujer. No habían tenido hijos y ya no le quedaba familia. Extrañaba muchísimo a su esposa y se sentía sin fuerza para seguir viviendo. Los antidepresivos producían un adormecimiento del dolor, pero su tristeza era demasiado honda como para ceder a la droga. Recordé un caso similar que había sido tratado exitosamente por Viktor Frankl, un prestigioso psicólogo humanista sobreviviente del holocausto, y decidí intentar el mismo procedimiento. En una de las sesiones le pregunté qué habría ocurrido si la viuda hubiera sido su esposa. Su rostro cambió de inmediato: "Ella no lo hubiera soportado... Era una mujer muy frágil y suave... Y me adoraba". Fue cuando le sugerí que diera a su dolor una nueva visión: "Usted amaba a su mujer más que a nada en el mundo... Desde ese contexto de amor, ¿no es mejor que sea usted el que tenga que vivir la angustia de la pérdida? Usted era el más fuerte... Es como si la estuviera reemplazando... ¿Por qué no intenta ver su sufrimiento como un acto de sacrificio, producto del amor? Usted se ha hecho cargo de algo que ella no iba a ser capaz de soportar... Trate de reubicar el sufrimiento, reinterprételo y dele un nuevo valor". En ese preciso instante, sin más discursos, él comprendió lo que yo quería decirle. El dolor psicológico de la pérdida había adquirido un sentido que no tenía antes. Había dejado de ser un sufrimiento inútil, para ser una desdicha noble. El sufrimiento se había transformado en un acto de amor. El ser humano posee la facultad de trascender el dolor biológico y trasformarlo en valor. Esto no implica desechar el aprendizaje que la naturaleza nos entrega desde la fisiología, sino completarlo: el dolor alerta, el sufrimiento avisa y además dignifica.

Para meditar la enseñanza 1. La sabiduría natural te muestra cómo el dolor es un amigo fiel que te jala una y otra vez para que tomes conciencia de algún percance físico real o potencial. La mente imitó esta forma de supervivencia, la trasladó al mundo psicológico e inventó el sufrimiento. El sufrimiento es una señal que te alerta sobre la existencia de esquemas psicológicos negativos que debes modificar para que no te dañen, pero además, cuando le confieres a tu pena un sentido de superación, ese sufrimiento adquiere una dimensión específicamente humana que trasciende lo meramente animal y te engrandece. De ahora en adelante, cuando el sufrimiento se haga notar, no intentes hacerlo desaparecer de inmediato. Míralo, descífralo, acércate a él con humildad para ver qué quiere. El sufrimiento es el privilegio de la autoconciencia, el baluarte de la vida en plena acción que pugna por seguir adelante. El sufrimiento te recuerda que eres transformación viva y la punta de lanza de la creación. Puedes aprender cada día más de ti mismo, aunque a veces duela un poco. No olvides que el universo te está hablando, se está manifestando a través tuyo. Escúchalo, algo tendrá para decirte.

Enseñanza II: sobre el miedo y la ansiedad

No es que el héroe sea más valiente que nadie, sino que lo es por cinco minutos más.

RALPH WALDO EMERSON

La función biológica del miedo es protegernos ante el peligro real. Cuando estamos en una situación amenazante, un sistema especialmente diseñado para estos casos se activa y nos prepara para la huida. Una vez que se detecta la fuente del posible daño, la fisiología dispara una sustancia llamada adrenalina, la que a su vez enerva una serie de cambios físicos: dilatación de la pupila, sudoración, taquicardia, temblor, palidez, tensión muscular, gritos y una sensación interna de inquietud y alarma. Algo nos dice que no debemos quedarnos ahí y que tenemos que escapar. A diferencia de lo que ocurre con los miedos psicológicos, el miedo biológico siempre se agota. Sube en pico, se mantiene en forma de meseta un instante, y luego, si no le metemos cabeza al asunto, decrece. Ése es el ciclo natural. Por el contrario, la curva del temor mental puede no declinar jamás.

Descifrar el miedo

Si nos acercamos a lo natural, descubriremos que los síntomas que acompañan la experiencia del pánico pueden ser vistos desde una perspectiva más amigable. Cada componente de la emoción nos cuenta cómo debió de haber sido la lucha por la supervivencia hace millones de años. Ellos nos hablan de cómo actúa el mundo natural. La dilatación de la pupila permitía aumentar la capacidad de visión en la oscuridad; el hombre no conocía el fuego, y es probable que muchos depredadores estuvieran al acecho, amparados en la oscuridad. El temblor originado por la adrenalina, tal como lo ha demostrado la psicología animal, posee un significado comunicativo de alertar a los otros miembros del grupo y pedir ayuda; algunos animales, como las gacelas, utilizan el temblor para avisar de la proximidad del depredador con muy buenos resultados (recordemos que el lenguaje humano no estuvo desde el principio). La taquicardia permite bombear más sangre y prepararse para un mayor gasto energético, como correr o saltar más. El sudor permite escabullirse y resbalarse más fácilmente del atacante. La palidez y el desmayo, tal como enseñan algunos estudios etológicos, permiten pasar desapercibido para ciertas especies agresoras.

Pero no todo es color de rosa. Debido a que la civilización avanza cien veces más rápido que la evolución biológica, se ha producido un desajuste evolutivo entre la biología y el desarrollo de la cultura. Nuestro banco genético arrastró un cúmulo de miedos que habían sido útiles para el hombre prehistórico, pero que probablemente no lo sean tanto en la actualidad. Por ejemplo, el miedo a la oscuridad, al agua, a las alturas, a los animales, a los espacios cerrados, a los lugares abiertos, y algunos más, son temores preparados. Podemos heredarlos sin aprendizaje alguno. El hombre no conocía la luz artificial, no sabía nadar, no podía volar, era un animal diurno que debía esquivar aquellos lugares de donde no pudiera escapar fácilmente, y necesitaba de un mecanismo que salvaguardara su integridad física. La mejor opción adaptativa fue el miedo.

En la naturaleza nada está de más. Todo responde o respondió a un increíble y maravilloso mecanismo de supervivencia. Cuando sentimos los síntomas del miedo, es nuestra madre naturaleza la que se está manifestando para cuidarnos: un acto de amor cósmico. En esos momentos de temor estamos presenciando la magnificencia de lo natural obrando como en los viejos tiempos, estamos reviviendo la historia de la evolución y decodificando el eco de la creación. No digo que sentir miedo sea delicioso, sino que, además de útil, es una oportunidad para ver cómo funciona el universo. Si el miedo fuera agradable, hace rato se hubiera acabado la vida en el planeta. El miedo es incómodo, pero no duele.

Si el miedo se activa inesperadamente deberíamos hablar con él y de paso con nosotros mismos: "Te activaste de nuevo. No entiendo por qué lo hiciste, pero supongo que debes de haber creído que hay peligro en alguna parte. Posiblemente yo te haya mandado un mensaje equivocado... Esta sensación incómoda que estoy sintiendo es adrenalina... Ella es la que me produce la inquietud y no otra cosa... Simplemente fue una falsa alarma... Yo entiendo que no puedas parar, porque una vez activado debes completar el ciclo que dura algunos minutos... Lo que estoy sintiendo en este momento es la energía de vida corriendo por mis venas... En este momento yo soy la naturaleza... Estos cambios transitorios que obran en mí son la fuerza del amor que me cuida... Seguiré con mis actividades hasta que se acabe la sensación".

Este supuesto diálogo ascético no es fácil de llevar a cabo porque el miedo no está diseñado para pensar, sino para actuar. Si un enorme león se asomara por la puerta de mi casa, no sería muy adaptativo aplicar la lógica aristotélica: "Caramba, caramba... Hay un enorme animal parado en el umbral de mi puerta mostrándome sus fauces... Puede ser una propaganda de la Metro Goldwyn Meyer, o un gato alimentado con Purina... No sé... Creo que es más prudente salir discretamente". Para ese entonces, el supuesto león ya me habría devorado y hecho la digestión varias veces. Frente a un riesgo real, pensar mucho no es lo indicado; por eso, cuando el miedo aparece, la mente se acuesta a dormir. Si vemos una culebra a pocos centímetros de nuestros pies, no preguntamos nada: saltamos y gritamos, sin importarnos demasiado lo que opinen los demás.

La mente inventa la ansiedad

El orden natural explicado hasta aquí parece desvanecerse cuando lo psicológico hace su aparición. Si la mente comienza a intervenir, la cosa se complica y, por decirlo de alguna manera, se ensucia. La psicología humana no solamente crea miedos totalmente irracionales como a los fantasmas, los muertos, los cementerios, el fracaso, el ridículo, hablar en público y la mala suerte, sino que también inventa la ansiedad, es decir, el miedo anticipado. Cuando la mente manda el mensaje de alerta roja, todas las células comienzan a trabajar horas extra para defenderse del supuesto atentado. Desgraciadamente, en la mayoría de los casos suele ser una falsa alarma activada por la susceptibilidad del ego. El cuerpo es ingenuo y siempre le cree a la mente.

Aunque la ansiedad es un progreso respecto al incipiente reflejo condicionado, adelantarse demasiado tratando de predecir calamidades puede resultar nefasto. Muchas personas, de tanto utilizar su calculador de riesgos, lo dañan, y desafortunadamente su reparación no es tan fácil, además de costosa. Un paciente agorafóbico (miedo a lugares o situaciones donde escapar sea difícil) llevaba veinte años sin salir de su casa. Luego de mucho esfuerzo y sesiones domiciliarias donde interveníamos tres psicólogos, se logró que el sujeto llegara a la esquina. En ese punto, el tratamiento se estancó debido a un nuevo temor que no estaba previsto. Justo antes de cruzar la calle, se detuvo, soltó su brazo del mío, y me miró con cierta suspicacia: "No creo que debamos hacerlo... Hay demasiados carros... Mejor dejemos esto para otro día". Traté de tranquilizarlo: "No se preocupe. Vamos a mirar cuidadosamente antes de cruzar". Él insistió en su argumentación: "Pero no es tan fácil... Uno puede creer que el carro va más despacio y de pronto ya lo tiene encima... Prefiero no cruzar la calle". Le expliqué nuevamente que el procedimiento adecuado para su caso era enfrentar el miedo: "Vea, hagamos esto... Miramos los dos al mismo tiempo, y cuando usted diga 'ya', corremos hasta la otra acera. Le aseguro que no hay peligro. Piense que millones de personas cruzan diariamente las calles sin que les pase nada". La réplica no se hizo esperar: "Pero algunos sí son atropellados". Apelé eruditamente a la estadística: "Es verdad, mas la probabilidad es muy remota", pero su argumento también fue estadístico: "¿Y si yo soy la excepción?". Le pedí que se arriesgara y que se dejara guiar por mí, pero tampoco fui lo suficientemente confiable para él: "Usted tiene gafas... ¿Cómo sé que alcanza a ver bien?". Finalmente, después de varios días de trabajo y de rebatir una a una sus consideraciones pesimistas, logró hacer el esfuerzo y encarar la calle con relativa calma. Cuando llegamos al otro lado, la psicóloga que iba conmigo y yo no pudimos ocultar la típica expresión de "misión cumplida". Habíamos dado un paso importante, ya que el sujeto había comenzado a calibrar su medidor de miedos. Pero el placer del triunfo no duró mucho: el paciente se hallaba inmóvil, mirando aterrado la otra orilla: "¡Qué hice!... ¿¡Y ahora cómo regreso!?". Esta persona era víctima de una ansiedad anticipatoria altamente catastrófica y desproporcionada. Su calculador de posibilidades estaba desajustado; lo que era una probabilidad en un millón, la interpretaba como una en diez. Necesitaba la certeza total de que nunca sería atropellado y eso, tal como vimos, solamente se obtiene por medio de la Divina Providencia. La persona ansiosa no reacciona a los hechos, sino a lo que imagina de ellos; está atrapada en una especie de realidad virtual amenazante de la que no puede escapar. El trastorno ansioso es la consecuencia lógica de poseer una mente marcadamente inclinada al futuro, incapaz de procesar el presente.

Las personas tipo A son expertas en predecir desastres, por eso viven estresadas y en una zozobra permanente. El estrés puede definirse como una reacción de alarma persistente del organismo ante una situación evaluada como amenazante, que el sujeto es incapaz de disminuir. Un estado de tensión sostenido y perdurable, imposible de controlar, es definitivamente desesperante; por eso, no es de extrañar que las personas que lo sufren entren en desesperanza. Lo curioso es que este fenómeno no parece existir en otras especies. A excepción de los conejillos de indias, a los que experimentalmente se les induce tensión sostenida, no conozco animales que en su medio natural vivan con estrés. Y esto se debe a dos razones. En primer lugar, ellos no permanecen el tiempo suficiente ante el evento aversivo: si la situación se complica, el miedo los obliga a irse (la terquedad parece ser un atributo exclusivamente humano). En segundo lugar, cuando el nivel de adrenalina o testosterona se eleva más allá de los umbrales normales por demasiado tiempo, recurren a métodos naturales de equilibrio y restablecimiento de las funciones. Algunos hacen el amor, los gorilas buscan a su madre para que los "espulgue", los felinos se estiran y se revuelcan, los chimpancés juegan; en fin, la naturaleza provee los medios distensionantes para prevenir el trastorno y evitar enfermedades.

Aunque los humanos no contemos con las prebendas naturales de los animales, de todas maneras podemos reducir la tensión y mermar los niveles de adrenalina. El secreto está en construir un ambiente donde puedan coexistir la alegría y el reposo. Ésa es la mezcla "molotov" para erradicar de una vez por todas la ansiedad y el estrés. Crear un ambiente motivacional donde pueda hacerse uso del silencio, dormir, caminar, sentarse bajo un árbol, oír música, mojarse bajo la lluvia, cantar en el baño, tocar a la gente, acostarse al borde de una quebrada, hacer el amor, meditar, practicar deportes divertidos, hacer baños de inmersión y leer, en otras palabras, tener un lugar personal en el mundo para hacer lo que realmente queramos hacer, donde los ratos agradables no sean la excepción, sino la regla. No hay mejor antídoto.

Para meditar la enseñanza II. El miedo es tu amigo. Él te cuida y te protege cuando estás en peligro. Utilízalo cuando realmente sea necesario hacerlo. No lo derroches en susceptibilidades y angustias inútiles. Temerle a un buen enemigo es una ventaja afortunada que no debes desperdiciar. El miedo forma parte de tu naturaleza, está ahí porque el universo te quiere vivo. Cambia tu concepción del temor, aunque sea incómodo sentirlo. Él tiende a agotarse, y a la hora de la verdad solamente se trata de adrenalina corriendo por las venas. Cada vez que sientas miedo, la biología más primaria te está aconsejando. Te está diciendo: "Algo estás percibiendo como amenazante, por eso me activaste. Dime, ¿qué te preocupa?". La mente inventó la ansiedad como una forma evolucionada de temor. Ella te da la posibilidad de desarrollar una actitud previsora y prepararte para la defensa, pero no exageres su uso. Elimina de una vez el pensamiento negativo y agrégale un poco de optimismo para que el porvenir sea más refrescante. Si la ansiedad te molesta demasiado, debes calibrar tu contador de calamidades o entregarte a la sana resignación. Si el miedo es irracional, descífralo, enfréntalo y quítalo del camino. Si es racional, déjalo en paz, él se irá cuando deba hacerlo.

Enseñanza III: sobre la ira y el resentimiento

> *La armonía interior es el privilegio de aquellos cuyos impulsos son tales que pueden hallar salidas constructivas más que destructivas.*
>
> Bertrand Russell

Todos hemos sentido alguna vez la fuerza avasalladora de la rabia. En más de una ocasión se ha despertado en nosotros el deseo irrefrenable de hacer picadillo al que tenemos enfrente y, tal como dice el funesto refrán, "matar y comer del muerto". Una manera primitiva y carroñera de mostrar hasta cuánto somos capaces de odiar y hasta dónde llegaríamos para cumplir los designios destructivos de la más vigorosa de las emociones primarias. La ira es una bomba atómica en miniatura que nos imprime vigor y fortaleza. Aunque estamos acostumbrados a verla como una especie de Sansón torpe y retardado, la ira biológica no es tan irracional ni tan tonta. Más bien se trata de un aliado para los momentos difíciles, sin el cual no podríamos sobrevivir.

Descifrar la ira

Supongamos que colocamos una rata hambrienta en el extremo de un corredor, y en la otra punta un aromático y tentador queso tamaño industrial. Supongamos también que entre la rata y el queso ubicamos un vidrio transparente que no sea detectado por el roedor. Cuando soltemos el animal, éste correrá desesperado hacia el alimento hasta chocar con el vidrio. En el momento de la colisión, la rata no lamentará "lo que podría haber sido y no fue" ni tampoco se sentará desconsoladamente a llorar; por el contrario, en su pequeño cuerpo un volcán bioquímico hará erupción, un estallido de poder la impulsará a insistir una y otra vez contra el obstáculo transparente: se habrá activado la ira. Cuanto más se estrelle, mayor será la firmeza. Si al cabo de algunos minutos el obstáculo no cede, la rata se resignará y su estado brioso dará lugar a un apaciguamiento natural: "Nada pudo hacerse". Si, por el contrario, el vidrio cede a las arremetidas, el queso será devorado. No hay puntos medios: todo o nada. En este sencillo experimento de laboratorio queda expuesto uno de los mecanismos más bellos del mundo animal: *cuando un obstáculo impide alcanzar una meta relevante para la supervivencia, el organismo desarrolla fuerza y vigor a través de la ira para tratar de destruir, eliminar o sacar de en medio el estorbo.* La versión humana de este ejemplo se llama frustración: si las cosas no son como nos gustaría que fueran, viene la pataleta. Cuando nuestras expectativas psicológicas no se cumplen, el organismo nos da una sobredosis de empuje para que superemos el obstáculo como si se tratara de un impedimento físico real. Un respaldo biológico patrocinado por el cosmos.

En otro ejemplo, si tuviéramos un ratón metido a presión en un frasquito, es decir, atrapado y sin movimiento, se activaría un proceso similar. La cólera empezaría a producir los cambios hormonales necesarios para que el animalito pudiera romper el frasco y escapar. En este caso, *la ira posibilita el escape y la libertad.* En la psicología humana ocurre algo similar: cuando sentimos que estamos acosados o bajo presión, la mente envía el mensaje clave de "atrapado", y aunque el encierro sea simbólico, la ira interviene rápidamente como si se tratara de una verdadera prisión. El universo nos quiere libres.

Finalmente, imaginémonos un pacífico conejito de angora encerrado en una jaula, al cual comenzamos a punzar y molestar con un palo, una y otra vez. Al cabo de unos minutos, en el tierno y dulce animal comenzará a gestarse una transformación similar a la que se producía en el "Hombre Increíble", pero menos espectacular y sin tanto verde. El dolor físico activará la bestia primitiva y atacará sin compasión al extraño agresor. Nuevamente la imprescindible ira habrá hecho su aparición, esta vez para destruir al contrincante y salvarse. *Ante el dolor, el organismo segrega ira para suprimir el evento aversivo.* A diario, cuando alguien nos ofende o nos lastima psicológicamente, de inmediato la biología genera rabia y adoptamos una posición defensiva y de choque como si estuviéramos frente a un depredador real; no importa cuán irracional sea, otra vez el cuerpo le cree a la mente. La ira no pregunta ni consulta opiniones, simplemente nos impide agachar la cabeza.

En resumidas cuentas: ante los obstáculos, los encierros y los ataques, la emoción primaria de la ira actúa como un ángel de la guarda, que nos permite perseverar, escapar y defendernos.

Obviamente, la idea no es andar rabiosos todo el día, sintiéndonos orgullosos de pisarle la cabeza al vecino, sino hacer un uso adecuado de ella. Tanto la represión del tipo C como la hostilidad del tipo A nos alejan del lado bueno y saludable de la emoción. Hay que adornar la ira, suavizarla, sanearla, adecuarla, canalizarla, pero finalmente expresarla y dar en el blanco. Por ejemplo, si alguien me está perjudicando en algún sentido, puedo callarme y acumular rencor, o enfrentarlo y hacerle saber lo que pienso, sin gritar, insultar o golpear, sencillamente sentando un precedente y descargando mi sentimiento. Aunque la ira implica destrucción, no es lo mismo que agresión. La agresión es la ira dirigida a violar los derechos de los otros. De manera similar, la violencia es la filosofía que respalda y sustenta un estilo agresivo generalizado. Si la ira se vuelve enfermedad, ya sea por causas hormonales o psiquiátricas, la persona debe recibir ayuda profesional especializada.

Como no somos buenos observadores emocionales, muchas veces no encontramos la causa de nuestra irritabilidad y comienzan a pagar justos por pecadores. Este fenómeno, del que todos hemos sido víctimas alguna vez, se conoce como transferencia de la agresión y consiste en el siguiente principio irracional: "Si alguien me produce dolor o me ataca, y no puedo detenerlo, agredo al que está a mi lado". Algo tan absurdo como decir: "Tengo tanta ira que debo entregársela a alguien". El típico ejemplo del padre que llega a su casa después de doce horas de jornada laboral, harto, cansado y transpirando estrés, y se desquita con los hijos y la mujer, en vez de haberlo hecho con el jefe o el cliente. Imperdonable.

El desconocimiento de lo que significa la ira nos lleva a no saber detectar las causas que la originan. Una paciente acudió a consulta porque últimamente no se soportaba ni ella misma. Su familia le reclamaba más tolerancia y serenidad, y la calificaban como "una bomba de tiempo" dispuesta a estallar en cualquier momento. Ella nunca había sido así, pero en los últimos tres meses algo la impulsaba a ser agresiva y no era capaz de controlarlo. Aparentemente nada justificaba la irritabilidad y el mal genio de mi paciente. Recuerdo que durante varias sesiones tratamos de detectar alguna situación que hubiera podido incidir en su estado de ánimo y empezamos a descartar causas orgánicas, pero al parecer su vida era totalmente pacífica. Un día, durante una de las sesiones, recordó que tenía que llamar a su casa para darle unas indicaciones importantes a la muchacha del servicio, y apresuradamente comenzó a marcar su celular. Durante la conversación que sostuvo con la empleada, noté que su voz adquiría un tono grave y sus gestos se endurecían. Cuando colgó, luego de un suspiro profundo, recuperó el papel de paciente juiciosa: "Le pido disculpas, pero la niña del servicio es nueva y no ha resultado muy buena que digamos... Le tuve que avisar que no metiera recipientes metálicos al microondas... Ayer lavó una ropa de lino importada en la lavadora y la semana pasada le quemó una camisa a mi esposo... En fin... Mejor hablemos de cosas importantes". Yo preferí seguir con la cuestión: "Pienso que el tema es muy importante. No sabía que se había quedado sin servicio. Debe de ser difícil hacerse cargo de todo y además entrenar a la nueva persona". Ella se acomodó en la silla como si fuera a dar una larga disertación: "Más que difícil. Yo había tenido una durante diez años pero se fue sin avisar... Imagínese... La que tengo ahora es un lío... No sabe lo que es una aceituna, nunca había visto un horno de microondas, no sabe cocinar... El otro día me tendió la cama con la sábana encima de la colcha". A medida que iba hablando, sus ojos se volvían más pequeños, el entrecejo se arrugaba, el cuerpo se engarrotaba, un rubor nada rozagante subía por su rostro y sus manos se encrespaban. Le pedí que verbalizara su sentimiento. Demoró un poco su respuesta, pero logró reconocer la emoción: "No sé, me exalté un poco, ¿verdad? Creo que siento rabia... mucha rabia", y comenzó a llorar. Su empleada de servicio de toda la vida la había abandonado hacía ocho meses y sus intentos por reemplazarla habían fracasado. He conocido amas de casa que prefieren la viudez a quedarse sin servicio. Le comenté que ésa podía ser la razón de su mal, pero rechazó rápidamente la conclusión: "Sería ridículo consultar a un psicólogo por esa estupidez... ¡Con todos los problemas graves que tienen las personas y yo verme afectada por una muchacha!... No creo... O si fuera así me sentiría como una tonta". Pero, en realidad, ésa era la causa. En psicología no hay motivos de primera o segunda categoría, los acontecimientos vitales pueden ser de cualquier índole y afectar igualmente al sujeto. El origen no debe buscarse necesariamente en los famosos traumas freudianos ni en los magnicidios de crónica policial, sino en las debilidades idiosincrásicas de cada uno. En el caso mencionado, los tres elementos disparadores de la ira se dieron cita: frustración de no poder recuperar una ayuda doméstica adecuada; presión, debido a la poca eficiencia de sus empleadas; y dolor por la poca comprensión de su familia. Un barril de pólvora con la mecha encendida. Cuando mi paciente logró detectar claramente la verdadera fuente de su malestar pudo afrontar adecuadamente el problema y darle solución.

La mente inventa el rencor y el autocastigo

La consecuencia de esconder, reprimir y disfrazar la ira ha creado un evidente descuido frente a la posibilidad de integrarla constructivamente. Más aún, preferimos ignorarla para evitar problemas y postergar su ejecución. *A la ira no manifestada y almacenada en el pasado se la conoce como rencor o resentimiento*. Con el transcurso del tiempo, este encono puede convertirse en odio indiscriminado, y la destrucción adaptativa se transforma en aniquilamiento irracional. Ésta es la razón por la cual las personas que albergan resentimiento se vuelven amargadas, marchitas y enfermas. Este holocausto interior suele desbordar sus propios límites y arrasar con todo aspecto positivo, propio y ajeno. El rencor jamás se queda quieto, va socavando cada rincón del alma hasta eliminar todo vestigio de vida y bienestar, hasta convertirse en pura violencia. Uno de mis pacientes llegó a separarse de su mujer, pese a quererla mucho, porque fue incapaz de perdonar una descortesía de su suegra ocurrida ocho años antes. Ni los ruegos de sus hijos ni el perdón solicitado por la señora fueron capaces de aminorar el orgullo y el rencor de este pobre hombre. En otro caso, una señora que sufría de "iras malas" se metía debajo de la cama a gritar, insultar y maldecir los nombres de cada una de sus adversarias, algunas de ellas ya muertas. Como un televisor defectuoso, las imágenes de viejas rencillas se disparaban solas y el rencor asociado comenzaba a hacer de las suyas. El bloqueo sostenido de la ira desvirtúa su misión y la vuelve tóxica. Las personas que destilan veneno son víctimas de esta descomposición interior causada por una sobreacumulación de iras sin procesar ni resolver.

Los estudios comparativos sobre resentimiento en animales y humanos muestran que los monos hacen las paces *minutos* después de las peleas, jugando y montándose unos sobre otros ceremonialmente. Curiosamente, y sin querer ofender a las feministas, en estos estudios, las hembras perdonan menos que los machos y pueden recordar los agravios el resto del día. Por su parte, los chimpancés se perdonan solamente *horas* después de la ofensa, por medio del contacto físico o haciendo el amor. Estos resultados contrastan marcadamente con la duración del resentimiento en los humanos, que, tal como sabemos, puede sobrevivir *años*, o incluso *siglos*, como en el caso de las guerras. Parecería que a más evolución, más memoria, pero también más resentimiento y menos pacificación.

Los individuos que acumulan demasiada ira pueden desviarla hacia ellos mismos y caer en el *autocastigo despiadado*: una forma moderna de harakiri. Las modalidades de autodestrucción asumen las más variadas formas; algunas son directas y otras, muy sofisticadas e inconscientes. A una de mis pacientes solamente le gustaban los hombres que la aporreaban, física o psicológicamente. Cuando conocía a un "buen tipo", simplemente no sentía química. Reiteradamente me preguntaba: "¿Por qué los hombres que se acercan a mí son todos iguales?". Pero el azar no tenía nada que ver, ella los elegía. Al avanzar en la terapia quedó claro que albergaba un profundo odio contra sí misma, originado en viejas culpas, y que sus "malas elecciones" no eran otra cosa que una manera de castigarse para comprobar lo poco querible que era. En el mundo de las motivaciones psicológicas, nada es evidente. Las personas que restringen su autogratificación, de un modo u otro, no se quieren a sí mismas. De manera similar, cuando la autoexigencia es alta y la autoevaluación muy estricta, no solamente aporreamos nuestro yo, sino que comenzamos a entrar peligrosamente en los terrenos de la depresión.

Para meditar la enseñanza III. No subestimes la ira. Como toda emoción primaria, está ahí porque es necesaria. Ella te ayuda a defenderte y a no darte por vencido. Te induce fuerza y vigor para enfrentar situaciones difíciles y te permite expresar tus sentimientos negativos. No cometas el error de suprimirla. La virtud no está en enterrar la emoción, sino en aprovecharla constructivamente. Si pones la ira al servicio de fines nobles, su capacidad destructiva se convertirá en energía creadora. No la utilices para dañar a otros o a ti mismo, sino como el mayor motor motivacional inventado por la naturaleza. La rabia es tu ángel de la guarda o, si prefieres, un guardaespaldas cósmico que te administra valentía. Ni rencor ni agresión, sino honestidad respetuosa. Decir lo que sientas, aunque sea negativo, en un contexto de amor y comprensión. Si te notas irritable y de mal genio, tu cuerpo te está hablando, está respondiendo a un mensaje que, consciente o inconscientemente, le has enviado. Es posible que alguna frustración sutil, la presión de no poder resolver un problema o alguna indignación olvidada hayan hecho mella en tu humanidad. La ira es imprescindible; si la matizas con afecto, será menos dolorosa, y si le imprimes ternura, un chispazo de sabiduría hará eco en tu corazón.

Enseñanza IV: sobre la tristeza y la depresión

La tristeza no es más que un muro entre dos jardines.

Jalil Gibrán

Si el miedo y la ira nos aceleran, la tristeza nos aplaca. Cuando estamos tristes, todo el metabolismo languidece y el organismo comienza a andar despacio, como de mala gana y a media máquina. La naturaleza nos pone el freno de emergencia de vez en cuando y nos obliga a hacer una parada en el camino. Ya sea para pensar o descansar, un *stop* especialmente proyectado para eso desacelera el ritmo y nos tira algunos días a la cama, pero solamente unos pocos. No me estoy refiriendo a la temible depresión que nos acuesta por meses, sino al desconsuelo biológico, a la emoción primaria de estar triste. Al igual que todas las emociones primarias mencionadas, la tristeza se agota cuando cumple su misión. Como veremos enseguida, mientras que la enfermedad depresiva busca la autodestrucción, la tristeza cumple una función de reintegración y recuperación de los recursos adaptativos. Hay ocasiones en que Dios nos golpea amigablemente el hombro para llamarnos la atención y conversar un rato: "¿A dónde vas tan rápido? Desacelérate, dedícate a recuperar energía y a revaluar qué estás haciendo".

Descifrar la tristeza

Cuando estamos tristes, la naturaleza nos está ofreciendo, al menos, tres opciones de supervivencia: (1) conservar energía, si estamos ante una pérdida afectiva; (2) pedir ayuda, si nos sentimos desamparados, y (3) buscar soluciones almacenadas, si tenemos un problema difícil de resolver.

En situaciones de pérdida afectiva, como por ejemplo la muerte de un familiar querido, la naturaleza nos imprime una resignación obligatoria para que no sigamos esperando un imposible y *conservemos la energía*. El duelo es la manera natural en que nos despojamos de toda esperanza, para aceptar los hechos y hacer que el principio de realidad se imponga sobre el principio del placer. Si no fuera así, el organismo se agotaría en una quimera desgastante. Precisamente, los duelos no elaborados ocurren cuando los sujetos se resisten a entrar en la desesperanza saludable del "ya nada puede hacerse". Estos individuos apelan a una especie de momificación psicológica de la persona ausente y hacen negación de la realidad. La famosa película *Psicosis,* de Alfred Hitchcock, es una muestra dramática y terrorífica de un duelo materno mal elaborado por parte de un joven psicológicamente enfermo.

El duelo es una respuesta no aprendida, normal y útil, que posee cuatro fases. Una primera etapa, de embotamiento de la sensibilidad, en la cual el sujeto se siente aturdido e incapaz de entender lo ocurrido; puede durar horas o semanas, y algunos deudos se quedan ahí. En una segunda etapa, de anhelo y búsqueda, la persona no acepta que la pérdida sea permanente. Aquí pueden aparecer manifestaciones como llanto, congoja, insomnio, pensamientos obsesivos, sensaciones de presencia del muerto (y obviamente visitas a videntes y brujos), cólera y rabia; en fin, en esta etapa se intenta restablecer inútilmente el vínculo que se ha roto. Es una etapa de ansiedad y desesperación; puede durar de dos a tres meses. La característica del tercer periodo es el de la tristeza propiamente dicha. El sujeto, pese al dolor, acepta la pérdida; el tiempo promedio es de dos a tres meses. Si la persona se queda en esta etapa, sobreviene la depresión. Finalmente, se entra a la fase de reorganización, donde, ahora sí, se comienza a renunciar definitivamente a la esperanza y el individuo recupera la iniciativa y las ganas de vivir. Se calcula que un duelo normalmente elaborado puede durar de seis meses a un año, dependiendo de la cultura y la historia previa del sujeto. Algunas personas crean un *duelo crónico*, es decir, se quedan estancados en la tercera etapa. Otras se quedan en la primera etapa, y configuran lo que se llama *ausencia de aflicción consciente*. Una de mis pacientes había enviudado dos veces. Al primer marido lo habían matado hacía cinco años, y el segundo había fallecido de infarto hacía dos. La señora, una mujer de cincuenta y ocho años, era una completa matrona que, por ser la hija mayor y la más adinerada, ocupaba un lugar de privilegio en su familia. Gran parte del respeto reverencial que le profesaban sus trece hermanos se debía a su aparente "fortaleza para superar las adversidades". Desafortunadamente, no era así. Su ostensible firmeza ante la doble viudez no era más que un papel. En realidad, mi paciente nunca había tenido tiempo de llorar plenamente a sus maridos. Sólo pudo recuperar su energía vital cuando dejó que su debilidad normal aflorara. Si represamos la tristeza y adoptamos el rol de superhéroe, ella se almacenará en el lado oscuro de la memoria y en cualquier momento se transformará en depresión.

La tristeza también es una forma primitiva, muy eficiente, de comunicar que estamos mal y *pedir ayuda*. Y digo eficiente, porque la expresión gestual de una persona triste no pasa fácilmente desapercibida. Aquellos que han tenido que convivir con personas depresivas saben a qué me estoy refiriendo. Las manifestaciones corporales de la tristeza son impactantes, además de contagiosas. Una impresionante metamorfosis física acompaña a la persona triste: los ojos se vuelen aguados como cuando un niño tiene fiebre, las comisuras de los labios bajan ostensiblemente, el rostro se desencaja, la postura corporal se vuelve encorvada, cabizbaja y meditabunda, y el trasfondo de la mirada se tiñe de un extraño gris apagado y plomizo, imposible de ignorar. La naturaleza diseñó un mecanismo compartido de impecable maestría para asegurar la restitución de funciones: no solamente inventó el lenguaje de la tristeza, sino que nos equipó con cierta hipersensibilidad para responder a las demandas de ayuda. Una especie de "compasión biológica forzada".

Si el miedo no está hecho para pensar, la tristeza sí. Cuando ella se activa, inmediatamente dirigimos la mirada hacia dentro y un impulso insistente hacia la autoobservación nos lleva a "pensar sobre lo que pensamos". Un toque existencial se va apoderando de nuestro software. De un momento a otro, Kafka, Sartre y la poesía nadaísta empiezan a ejercer una singular fascinación nunca antes sentida. En esos días de tristeza y reconcentramiento, desempolvamos los textos de filosofía y sacamos del clóset aquella vieja bufanda de intelectual francés. La tristeza es el telón de fondo de las bohemias trasnochadas y adobadas con bastante licor de mala calidad, es la época en que caminamos pausadamente y nos da por ir a donde el psicólogo a ver qué encuentra (y claro está, siempre encuentra algo). Al lentificarse todos los procesos mentales e incrementarse la autoconciencia, la tristeza nos permite activar recuerdos que contengan información relevante para resolver problemas presentes y *rescatar viejas alternativas de solución*.

La mente inventa la depresión

Si bien la mente no es la responsable de todas las depresiones, ya que alrededor de veinticinco por ciento de ellas se debe a alteraciones bioquímicas, sí es la principal causante. El evento estresante externo debe encontrar vulnerabilidades psicológicas específicas para que germine la depresión; de no ser así, nada pasa. Las predisposiciones psíquicas a la depresión adoptan la forma de teorías o creencias. Si pienso que "no soy querible", "soy un inútil" o, en una versión más musical, "que el mundo fue y será una porquería", es probable que esté caminando en la cuerda floja. Aunque los pensamientos negativos frente a uno, al mundo y al futuro son los disparadores principales del trastorno, el sujeto depresivo posee un toque de pesimismo radical totalmente desalentador. Una cosa es poner la esperanza en su sitio para que no moleste, y otra muy distinta eliminarla para siempre. Una desesperanza infinita, sin opciones positivas, es lo más parecido al infierno.

Hay personas que poseen el terrible don de ver solamente lo malo, un detector de fallas luctuoso y displacentero. No me refiero a la ansiedad que surge de anticipar situaciones amenazantes, sino a encontrar todo el tiempo el punto discordante: un realismo crudo y oscuro. Es la vieja costumbre gramatical de comenzar con un "Sí, pero...". A estos sujetos es mejor mantenerlos alejados, porque, además de ser patéticos, todo lo que tocan se opaca. Recuerdo un paciente extranjero que no podía adaptarse al país después de llevar viviendo más de treinta años en él. Cada argumento positivo mío era rebatido por algún elemento negativo. Si yo trataba de hacerle ver algunas ventajas evidentes de vivir en el trópico, él buscaba lo contrario. Por ejemplo, si yo exaltaba el buen clima, él argumentaba: "Sí, pero el calor a veces es insoportable"; si yo hacía referencia a la exuberante naturaleza, él replicaba: "Sí, pero no soporto los bichos"; cuando le recordaba las playas blancas y paradisiacas, se limitaba a contestar: "Sí, pero están muy lejos"; incluso las consideraciones a favor del estándar de vida alto que llevaba eran rápidamente desechadas: "Sí, pero de qué sirve tener dinero si no hay dónde gastarlo". En una de las sesiones le sugerí lo que a mi entender pondría punto final a la cuestión: "¿Por qué no vende todo y se va a su país? La vida está hecha para que la disfrute y se sienta bien. No sufra más. En su país usted no encuentra los 'peros' que ve aquí. Lo considera más culto, más tranquilo y organizado. Creo que vale la pena intentarlo. Estamos hablando de la posibilidad de ser feliz... No lo descarte". Luego de pensarlo algunos segundos, volvió a su inevitable esquema pesimista: "Sí, pero... el invierno es tan duro". Salir de su depresión implicaba mirar la realidad de otra manera, ser más optimista y dejar de andar al compás de la marcha fúnebre.

La depresión es una fuerte baja en el estado de ánimo (disforia) que genera *síntomas motivacionales* como ausencia de placer ("nada me provoca", "la vida no tiene sentido"), *síntomas emocionales* (tristeza duradera, desamor, llanto, baja autoestima), *síntomas físicos* (apatía, fatiga, inapetencia o hiperfagia, insomnio, pérdida de peso, baja en la libido) y *síntomas mentales* (negativismo, fatalismo, pesimismo, pérdida de atención y concentración). Nada queda en pie. Como un alud, acaba con todo lo que encuentra a su paso.

La depresión no es tristeza, y establecer la diferencia es fundamental para saber cuándo preocuparse. Los siguientes puntos podrán aclarar la cuestión.

1. En la depresión siempre hay una tendencia al desamor personal y a la baja autoestima. En la tristeza, a pesar de todo, el sujeto se sigue queriendo a sí mismo.
2. En la depresión hay un claro sentimiento autodestructivo, que puede incluso llevar a la muerte. Junto con la anorexia

nerviosa, es la enfermedad psicológica en que más peligra la vida. La persona triste nunca piensa seriamente en destruirse a sí misma.

3. La persona depresiva siempre busca la soledad y el aislamiento afectivo. Una profunda decepción por la gente define gran parte de su comportamiento. El sujeto triste busca ayuda, y aunque a veces quiera estar solo, no pierde la capacidad de conectarse afectivamente con los demás.
4. En el individuo depresivo, el estado de ánimo negativo se sobregeneraliza hasta abarcar todas las áreas de su vida. El sujeto aquejado de la enfermedad lleva la depresión a cuestas durante todo el día y a todas partes; de ahí que su desempeño general se vea seriamente alterado. En la tristeza, aunque el rendimiento disminuye un poco, el individuo puede seguir desempeñándose de una manera relativamente aceptable.
5. La persona depresiva no suele tener una conciencia clara del porqué de la enfermedad, mientras que la mayoría de los sujetos tristes pueden llegar a identificar claramente la causa de su malestar.
6. La depresión es más intensa y dura más tiempo que la tristeza. Mientras que los síntomas del depresivo pueden durar meses, la tristeza no suele estar presente por más de una o dos semanas.

La depresión psicológica es uno de los peores inventos de la mente. Su origen está arraigado en el desamor y la soledad creada por la cultura del abandono. Si durante los primeros años de vida el niño ha establecido vínculos afectivos estables y seguros, creará inmunidad depresiva; si, por el contrario, su infancia estuvo matizada por pérdidas y carencias afectivas, será altamente vulnerable a contraer la enfermedad. La depresión psicológica no parece cumplir ninguna función adaptativa para la supervivencia del hombre. Su existencia es el resultado de una clara desviación de la autoconciencia humana, que malinterpretó el sentido adaptativo de la emoción primaria de la tristeza. La depresión es el luto del alma, el llanto de Dios y la preocupación constante de un universo que no quiere involucionar, sino avanzar. El único antídoto conocido para destruirla es alegría en grande y amor para convidar.

Para meditar la enseñanza IV. Si la tristeza ha llegado, no la eches a un lado. Lee en ella, tradúcela, destápala y comienza a preguntarte cuál es su mensaje. Puedes estar elaborando inconscientemente una pérdida, necesitando ayuda o tratando de resolver un problema. Si la tristeza te embarga, déjala caminar a tu lado. Dile: "Hola, amiga, veo que me vas a acompañar por unos días. Trataré de no pelear contigo para descifrar tu mensaje, pero no molestes demasiado". Puedes verla como un resfriado o un virus inofensivo que crea defensas en tu organismo. Aprovecha la ocasión para descansar un poco y acercarte a la nostalgia. Rescata los buenos recuerdos, y si vas a llorar, hazlo sin resistencias. Deja que la naturaleza te acurruque e inicie el proceso de recuperación de energía. Si, por el contrario, lo que llega a tu vida es la depresión, ¡pelea!: busca ayuda, corre a golpear las puertas del amor, escarba en tu autoestima, rebélate a la muerte, llama a gritos la alegría, pero jamás te quedes quieto. Recuerda que la depresión nunca es normal. Guárdate el orgullo en el bolsillo y pide asistencia profesional. Ante la mínima sospecha, ¡atácala! La depresión es como las termitas: si uno se demora en exterminarlas, la casa se cae desde sus cimientos. Recuerda: la vida es un ser viviente y tú eres parte de ella. No malgastes el privilegio de estar vivo.

Enseñanza V: sobre la alegría y las alteraciones del placer

> *¡Oh, hacer de la vida, desde ahora, un poema de nuevas alegrías!*
> *¡Bailar, batir palmas, regocijarme, gritar, saltar, rodar y rodar, y navegar siempre!*
>
> Walt Whitman

Los seres humanos compartimos con los animales las sensaciones placenteras. Gracias a ellas, muchas actividades adaptativas se mantienen. Si comer, hacer el amor, beber y dormir fueran desagradables, la vida en el planeta no hubiera logrado desarrollarse. Pero en algunas especies avanzadas, y especialmente en el hombre, al placer se le suma una emoción primaria adicional supremamente apetecida: la alegría. Ella trasciende la experiencia placentera y nos ubica en los linderos del éxtasis. Nos toca la conciencia y nos remueve el alma como ninguna otra emoción. Y al igual que todas, luego de alcanzar su cometido, se retira. Sin embargo, estos momentos de dicha suelen verse alterados cuando la mente se apega al placer e intenta mantener la alegría más allá de su ciclo natural. Mientras la naturaleza nos regala la alegría, el apego inventa la felicidad: la primera nos saca a flote y la segunda nos hunde.

Descifrar la alegría

Nunca nos hemos detenido a pensar para qué sirve o para qué existe la alegría. Conocemos al dedillo sus titulares, pero no hemos captado el significado profundo que la caracteriza. Y no me refiero a racionalizar la increíble vivencia que ella ofrece, sino a establecer un mayor contacto para disfrutarla en abundancia. La alegría es la emoción primaria más importante, no solamente por los efectos benéficos que produce, sino porque muchas de sus características parecen ser típicamente humanas. Es posible que se trate de una emoción biológica mitad hombre y mitad bestia, un ascenso en la escala evolutiva y un desprendimiento progresista respecto del simple placer sensorial: la primera en su género. La alegría integra lo primitivo, pero lo supera.

El origen evolutivo de la alegría parece estar en la sonrisa y en el efecto agradable que produce el intercambio de la misma entre madre e hijo. Los bebés responden espontáneamente con alegría ante la sonrisa porque les da seguridad y bienestar. Con el paso del tiempo, la expresión facial adquiere una mayor complejidad y aparece la risa, y si la persona es de buenas, el humor. Mientras que la risa es la explosión cruda, en vivo y en directo de la activación subterránea de la alegría, el humor la involucra de una manera más sutil y ponderada. Tal como decía Gibrán: "El sentido del humor es el sentido de la proporción".

La alegría saca a relucir lo mejor de nosotros. Ella destapa la parte buena e indica el camino que deberíamos estar transitando si la humanidad no hubiera desviado su rumbo. La alegría es un destello espiritual, un señalamiento y un delicioso jalón de orejas que el universo nos hace para que no olvidemos quiénes somos: "Obsérvate. Ésta es tu verdadera humanidad. Esto es lo que eres. Tenlo presente".

Las investigaciones sobre el tema muestran que los sujetos alegres sufren cambios realmente dramáticos, tanto en su fisiología como en sus esquemas psicológicos. Durante unos momentos, a veces horas, y casi nunca días, se activa un singular poder y vigor, que no es la fuerza de la ira, sino la del amor y la sabiduría. Una forma de iluminación primitiva que potencia lo mejor de cada uno y nos reestructura y equilibra internamente. La mente y el cuerpo comienzan a trabajar coordinadamente, y toda la energía disponible del organismo empieza a fluir de una manera suave y continua. Cuando las personas están alegres, incrementan la confianza en sí mismas (autoeficacia), ven la vida como magnífica y significante (sentido de vida), sienten que son más amables y queribles (amor), desarrollan una mayor capacidad de apreciar y saborear el mundo (hedonismo), se vuelven más buenas y bondadosas (compasión) y adquieren una conciencia de unidad, similar en algunos aspectos a las experiencias místicas. Lo que posiblemente no lograríamos ni con años de paciente y riguroso entrenamiento en algún olvidado lamasterio tibetano, la naturaleza nos lo regala al instante, gratis y con todo incluido.

A la enfermedad biológica de la alegría, es decir, cuando existe alguna alteración bioquímica de la misma, se le denomina manía, y debe ser tratada.

Pero su principal función está relacionada con la salud. La alegría es la sanación natural que el universo ofrece a manos llenas. Ella pone a funcionar nuestra farmacia interior y facilita la recuperación de los periodos de estrés y enfermedad. El efecto curativo de las emociones positivas, no solamente de la alegría sino también del amor, el interés, la sorpresa y la curiosidad, ha quedado documentado en infinidad de casos. Uno de los más sonados es el de Norman Cousins, quien logró salir adelante de una grave enfermedad viendo todos los días películas cómicas en el hospital. Como decía Denis Waitley, "la alegría es cosa seria".

Una mujer de treinta y cinco años que asistía a nuestro centro psicológico debido a una depresión ocasionada por la imposibilidad de tener hijos, llegó un día a la consulta con la terrible noticia de que se le había diagnosticado un melanoma avanzado. Como era obvio, la terapia dio un giro y se orientó a brindarle ayuda para enfrentar el cáncer terminal. Lo sorprendente ocurrió cuando al mes de haberse presentado estos hechos, la paciente descubrió que llevaba dos meses de embarazo. La inesperada noticia produjo un impacto abrumador, tanto en el cuerpo de terapeutas como en su familia. Tantos años tratando de estar encinta, y cuando por fin se logró la meta, aparecía un cáncer devastador que arrasaría con dos vidas. No obstante y pese a todo, ella comenzó a preparar el ajuar del bebé como si nada hubiera ocurrido. Inexplicable y repentinamente, su estado de ánimo había mejorado, estaba más activa, animada y contenta que nunca. Pues, contra todos los presagios negativos de los exámenes, la incredulidad de los especialistas, oncólogo y psicólogos incluidos, y el escepticismo de su esposo, la señora sobrevivió. En la actualidad, ella y su hijo de doce años gozan de excelente salud. Cuando en una ocasión se le preguntó cómo se sentía después de haber ganado semejante batalla, contestó: "No sé... Estaba tan feliz de haber quedado embarazada... Creo que no libré ninguna batalla... Yo no luché... Solamente me sentía la mujer más dichosa del mundo... Dios me mandó el bebé y no podía defraudarlo". Este relato, más allá de la espectacularidad que suele acompañar los casos de recuperación espontánea, enseña algo muy bello y sencillo: la alegría y el amor van de la mano. La alegría es la risa de Dios.

Cuando dejamos que las emociones positivas sigan su curso normal sin poner barreras mentales, empezamos a descubrir que todo el universo es alegre y divertido. Aprendemos que las turbulencias energéticas y el aparente caos imperante no son otra cosa que los jirones de un cosmos danzante y muerto de la risa que cada día se descubre a sí mismo y se asombra de estar vivo. Las doctrinas tántricas sostienen que la realidad, tal cual la percibimos, oculta un gran chiste cósmico. El maestro budista Chögyam Trungpa, en relación con las ilusiones que crea el yo, afirma: "No existimos a causa de nuestra existencia. Y el mundo existe a causa de nuestra inexistencia. Nosotros no existimos; por consiguiente, el mundo existe. Tras todo ello se oculta un gran chiste, un chiste enorme. Cabe que nos preguntemos: ¿quién nos está tomando el pelo?". Según él, la única manera de salir de la confusión de estar vivos es el humor. La alegría es la manera simpática en que la vida manifiesta su fuerza afirmativa.

La mente inventa la restricción emocional y el apego al placer

La cultura nunca ha sabido qué hacer con las emociones placenteras. La oposición creada entre las presiones sociales y los incontrolables impulsos biológicos ha terminado por establecer dos posiciones psicológicas extremistas igualmente dañinas: constipación o adicción. Esta falsa dicotomía ha generado una verdadera patología de lo placentero, unos por defecto y otros por exceso.

1 | Restricción emocional

Para que la alegría pueda fluir naturalmente y cumplir su cometido, debemos colaborar. Si bien no podemos producirla a voluntad, a menos que utilicemos medios artificiales, lo cual no es recomendable, es posible crear condiciones favorables para facilitar su aparición. Como demasiada alegría asusta, *la cultura ha dispuesto un sistema de estrictos controles para evitar los excesos y restringir el disfrute*. Estos filtros, aunque bienintencionados, pueden irse para el otro extremo y dar origen a un régimen valorativo donde el hipercontrol es visto como la mejor de las virtudes. Muchas personas están tan preocupadas por los excesos que ni siquiera comienzan a disfrutar los mínimos. He conocido gente que le pone límites a todo, incluso al alborozo y la hilaridad. El miedo a perder el control los convierte en aguafiestas. Hace poco estuve en el cumpleaños de un niño de cinco años, el cual se llevó a cabo en una hermosa finca de recreo. Toda la fiesta estuvo matizada por las cantaletas "apaciguadoras" de la madre del homenajeado, una mamá absolutamente "antialboroto". Cuando los niños se pasaban de ciertos decibeles y velocidad, ella levantaba ambos brazos como un guardia de tránsito, se interponía a la tromba infantil y, como un director de orquesta, acompasaba un nuevo ritmo, obviamente más lento y moderado. Sus palabras se asemejaban bastante a las viejas estrategias hipnóticas de Mandrake el mago: "Ya, ya, ya... Tranquilos... Tranquilos". Esto ejercía en los niños el mismo efecto que un puré de Ritalin. Luego de algunos segundos de sopor, el torbellino volvía a tomar impulso. Al cabo de algunas horas decidí preguntarle, muy educada y cortésmente, por qué no dejaba que los niños jugaran en libertad; después de todo, estaban en un lugar campestre y no molestaban a nadie (además era el cumpleaños). Con una risita de testarudez congénita dijo: "Para todo hay un límite". A lo cual yo repliqué: "Estoy de acuerdo, pero lo difícil es poner límites sin extralimitarse". Ella respondió como leyendo las tablas de los diez mandamientos: "Todos los extremos son malos", lo que produjo gran admiración y aprobación entre los invitados. Más tarde, cuando se paró por enésima vez a fiscalizar la diversión, uno de los niños gritó furioso: "¡Qué pendejada! ¿Para qué nos invita si no nos deja jugar?". El silencio fue total. La señora esgrimió una sonrisa, que más parecía una mueca, y disimuló la franqueza del "pequeño Espartaco", preguntando quién quería más carne. Nunca los volvió a molestar en el resto de tarde. Aunque lo intenté, no pude dejar de sentir esa famosa complacencia oriental que se sirve en bandeja de plata.

Muchos de mis pacientes, víctimas de una educación "antialegría", adquieren el vicio de no disfrutar demasiado. Cuando se sienten muy bien, un impedimento psicológico les evita el clímax y los incrusta de narices en la monotonía: "No vaya a ser cosa que me quede gustando". Si no es dañino para uno, ni para otros, podemos disfrutar hasta el cansancio. El hedonismo sano y responsable no es vicio, sino autoestima bien administrada. Para las personas hipertrascendentales con cara de kung fu, que jamás se descomponen y hacen gala de una parsimonia totalmente insoportable, la vida es un problema existencial que hay que solucionar y no una experiencia para degustar. Le temen a la alegría porque la ven demasiado peligrosa y mundana; como en *El nombre de la rosa*, cuando el curita ciego impedía la lectura de un texto aristotélico sobre el humor, porque creía que si se perdía el temor a Dios se acababa la fe. De todas maneras, y afortunadamente, pese a los esfuerzos dogmáticos, restrictivos y fiscalizadores de los amigos de la seriedad y lo austero, el júbilo sigue irremediablemente haciéndonos cosquillas.

2 | Apego al placer

El ansia de placer es lo que se llama deseo. Las ganas de volver a repetir u obtener la sensación placentera surgen de la capacidad de la mente de proyectarse en el tiempo. Cuando algún evento nos hizo sentir intenso placer, queremos continuar; o cuando vemos el goce ajeno, queremos imitarlo. El deseo es placer anticipado.

El deseo es inherente al ser humano. Siempre y cuando no se convierta en adicción, su utilización es aceptable e imprescindible para cualquier actividad que se quiera emprender. Pero cuando la fuerza motivacional de la apetencia excede los límites de la racionalidad y se transforma en fuerza bruta, estamos en presencia del peor de los enemigos: el apego. Lo que define el apego no es la presencia de deseo ni la sensibilidad al placer, sino la incapacidad de renunciación. Más claramente, *el deseo enfermizo es apego al placer.* La mente se niega a abandonar la sensación placentera y se empecina en obtenerla una y otra vez, al precio que sea. Cuando el deseo se convierte en necesidad, ya hay dependencia. Por ejemplo, nos puede gustar comer langosta y disfrutarla mientras hay, pero si cuando se acaba siento la urgencia de más, y se agrega la angustia de no poder conseguirla, estaremos en el primer caso histórico de "apego langostil". Sería absurdo que alguien nos manifieste que su vida no tiene sentido si no come langosta, pero así de irracionales son las adicciones.

El deseo patológico también puede estar referido a la distorsión de un placer no natural inventado por la cultura. Un joven paciente de diecinueve años había sido víctima del deseo enfermizo del juego. Había estado retirando dinero sistemáticamente de la cuenta de ahorro de su padre desde hacía dos meses para jugarlo en las maquinitas. La suma llegó al equivalente de veinte mil dólares. Cuando salía del casino, se juraba a sí mismo nunca más volver, pero al otro día, un cúmulo de imágenes irresistibles creadas por la mente lo arrastraba a recaer: "Yo veo los dibujos de la máquina, siento el ruido cuando caen las monedas y me imagino los tres sietes... Incluso siento el olor a plástico nuevo del casino... Pienso que ésa será mi noche y me preparo para ganar... No es el dinero lo que me interesa, sino ganarle a la maquinita". Intenté explicarle que no era fácil: "Esas máquinas de juego están organizadas con un programa de razón variable. Te dejan ganar un poco, para que luego pierdas mucho. Ellas están ahí porque es negocio para el casino". Pero él buscaba otra cosa: "Claro. Yo sé que es así. Pero de eso se trata... Es poder ganarle a alguien que no está programado para perder... Es como un reto, ¿me entiende?". Yo entendía muy bien a mi paciente. Era víctima de una adicción de la cual era incapaz de desligarse. El juego compulsivo es uno de los trastornos más difíciles de erradicar. Al muy poco tiempo desertó de las consultas y nunca más supe de él. Recuerdo que cuando en mis años de adolescente iba al hipódromo, mi madre, sin más preparación que su intuición y la sabiduría natural de las mamás, rezaba para que yo perdiera.

El apego opaca la alegría y la desvirtúa, porque teme perderla. La búsqueda ingenua de la felicidad permanente e inalterable es consecuencia de esta necesidad de congelar la alegría más allá del tiempo y el espacio. Desgraciada o afortunadamente para los humanos comunes y corrientes, es decir, no iluminados ni maníacos ni drogados, no existe el "ser feliz", sino el "estar feliz". La posibilidad de alcanzar el nirvana emocional es una idea distorsionada que nos distrae de la vivencia natural de la alegría: *la felicidad no es un estado, sino un proceso*. Cuando las personas construyen la falsa ilusión de la alegría eterna, automáticamente pierden sensibilidad, porque las expectativas de lo que vendrá los alejan del presente. Desapegarse del concepto utópico de felicidad es una forma de sana resignación y una especie de reencarnación emocional: *morir para cada alegría y renacer con la próxima*. Buda decía: "No te aferres a lo placentero, déjalo pasar, para que la separación no te disminuya". Si nos despreocupamos por "ser felices", estaremos en condiciones de "estar alegres", y eso ya es mucho.

Para meditar la enseñanza V. La alegría es un regalo muy especial. Cuando estás alegre, tu energía está vibrando al ritmo de Dios. Cuando estás contento, es el universo entero quien se regocija. Como un ritual cósmico, la naturaleza limpia y renueva tus energías de vez en cuando para que puedas desempeñar tu papel y colaborar en la

Creación. Aunque te suene disonante, la vida te quiere muerto de la risa y satisfecho. Si tu actitud hacia el placer es abierta y responsable, aprenderás a catar las delicias de todos los jardines. La alegría es una forma de aprendizaje y descubrimiento de cómo nos quiere la vida. No es volverte tonto y superficial, sino sensible al embrujo del placer. Desecha tus miedos a estar feliz de vez en cuando, ¿acaso no te lo mereces? Ten presente que los dos extremos son dañinos. Si temes excederte, la alegría se convertirá en un dolor de cabeza, y si te apegas a ella, serás un adicto. Vivir dispuesto a sentir el placer es reivindicar la autoestima y entender que, por encima de cualquier otra consideración, la sola condición de estar vivo te hace merecedor de amor. La naturaleza te contempla con cada descarga de alegría, acaricia tu humanidad y te cuida. Alegría es amor. Si no le estorbas el camino con requisitos mentalistas, ella siempre estará dispuesta a regresar. Rompe el nicho desabrido y taciturno en el que te has metido, deja el ascetismo a un lado y siéntete con el derecho al disfrute. La represión de la alegría te convertirá en cascarrabias y quisquilloso, porque tu biología te reclamará el goce de vivir como lo hace con la comida, el sueño y el agua. No te creas tan fuerte ni tan autosuficiente. Pero si, por el contrario, has caído en la adicción, sin excusas ni evasivas, ¡salte ya! No puedes conservar el placer, él no te pertenece. Si verdaderamente comprendes que todo fluye y nada es permanente, ocurrirá la renuncia noble y valiente a tus apegos enfermizos. Cuando obligas a lo natural, lo contaminas y le quitas el virtuosismo de aquello que no es creado por el hombre. Comienza desde hoy, ábrete a la felicidad, sin frenarla ni apegarte. Ella es como las olas: te moja, se va, y luego vuelve con el pulso de la más antigua y sagrada de las melodías. Canta su canción y déjate llevar por sus notas.

Unas palabras finales

Rescatar las emociones no implica negar la importancia de la mente. El aparato mental humano es producto de la evolución, y como tal, no se le puede considerar una malformación genética ni una equivocación cuántica, sino una estrategia adaptativa para equilibrar y potencializar las probabilidades de vida del hombre en el planeta. Y al igual que todos los sistemas vivos, su organización no está orientada solamente a preservar la vida, sino también la identidad. Aunque la tradición oriental diga lo contrario, la capacidad de organizar información autorreferencial requiere un sujeto que experimente conciencia de sí mismo. El yo es la parte de la mente encargada de darle ese sentido de coherencia y significado personal a la información disponible, a no ser que se quiera descender vertiginosamente en la escala zoológica. Debemos reconocer que aunque en muchas ocasiones el yo molesta, su presencia es imprescindible para acceder a la condición de humanos. Me pregunto si la idea de un hombre sin yo no será, paradójicamente, otra ilusión mental de las que tanto despotricamos. Quizás ésa sea la razón por la cual, pese a todos los intentos bienintencionados, millones de personas en el mundo no han podido aún sacudirse de su engorrosa identidad. Mientras tanto el universo, tal como decía Alan Watts, sigue "yoificándose" en cada persona.

Reconocer la inevitable utilidad del yo no es contradictorio, ni mucho menos, con el reconocimiento emocional. Desde mi punto de vista, la solución no está en negar la existencia del yo, sino en dejar de ser egocéntricos. El yo nos hace humanos, el egocentrismo nos enferma. Esta diferenciación es muy importante, ya que a veces, por evitar el "mí" egoísta, lo cual es sano, se cae en el otro extremo, que yo llamo el estado del "mu", lo cual no es nada saludable: algo así como una vaca pastando, con los ojos entornados y un apacible gesto de "yo no soy". Algunas personas, buscando la iluminación, hacen cortocircuito y quedan a oscuras. Negar la propia identidad humana y caer en el "mu" no nos hace santos, sino inhumanos, porque una cosa es limpiar y descontaminar la mente para aprender a utilizarla, y otra muy distinta el suicidio psicológico que surge de su destrucción indiscriminada. El universo no necesita que dejemos de pensar, sino que lo hagamos correctamente.

El ser humano es la particularización del todo, no en algo, sino en alguien que piensa y siente. Una expresión, una modalidad, si se quiere, de energía replegada sobre sí misma, pero con voz y voto. Poseemos la capacidad de construir una nueva calidad de mente, sin destruir la singularidad compleja que determina la propia identidad e integrando la maravillosa cualidad que nos otorga el sentimiento.

La vida posee un atributo intencional, un vector orientador, una determinación cósmica implícita de carácter irrevocable que define toda existencia. Ella nos recorre de punta a punta, nos impregna e impulsa a participar en su proyecto fundamental. Si quitáramos por un instante el velo distractor del lado irracional de la mente, podríamos sentir su presencia vital al abrir los ojos cada mañana, cuando hacemos el amor, frente al nacimiento de un nuevo ser, cuando las tempestades arremeten, en el silencio acogedor de estar con uno mismo, en las alturas majestuosas, con las ardillas juguetonas, en el dolor físico y en el placer del alivio. Apropiarse de ella, sacudirla y ponerla a funcionar, es redescubrir la premisa olvidada de los primeros sabios.

Cuando por fin la mente repose, el sistema se descargue y el panorama se despeje, la atención quedará limpiamente a la deriva, como el asombro despierto de un niño, la ingenuidad de un cervatillo o la fascinación del que penetra por primera vez a un bosque primario. Ver por ver. El proceso en estado puro. Sin pretensiones de ningún tipo, sin más armas que la curiosidad y sin otra emoción que la sorpresa. En el momento en que la razón comience a bostezar estaremos reencontrándonos con la sabiduría natural de las emociones.

Hay un resurgir de lo antiguo. Algo se está agitando desde los mismos cimientos de la estructura humana y quiere manifestarse con toda su fuerza. Y cuando esto ocurra, reconoceremos de inmediato el viejo sendero que nos llevará, como las rosas de Paul Fort, nuevamente de regreso a casa.

Esta obra se imprimió y encuadernó
en el mes de abril de 2013
en los talleres de Litográfica Ingramex, S.A. de C.V.,
que se localizan en la calle Centeno 162-1,
colonia Granjas Esmeralda, México, D.F.